큰턱 사슴벌레 VS 큰뿔 장수풍뎅이

곤충이야기 도감

글·사진 장영철

그냥 곤충이 좋아 앞산에 올라 곤충만 보면 시간이 가는 줄 몰랐습니다. 무작정 곤충에 관해 연구하고 싶어 생물학과에 진학했으나, 곤충을 더 알아 갈 수 있는 기회가 적은 것에 실망해 직접 딱정벌레 연구 동아리 '비틀스(Beetles)'를 만들어 활발한 곤충 채집과 연구 활동을 했습니다. 1996년 국내 최초 곤충 사이트 '한국의 딱정벌레'를 개설했고, 이후 국내 최대의 곤충 포털 사이트 '충우(www.stagbeetles.com)'로 확장하여 현재까지 운영하고 있습니다.

2005년부터는 세계희귀곤충전시관을 무료로 개방하고, 한국 고유종인 털보왕사슴벌레를 신종으로 등록했습니다. 〈한국산 사슴벌레 성충과 미성숙 단계 형태 분류 연구〉로 대학원에서 박사 학위를 취득했습니다. 2013년에는 '충우곤충박물관'을 서울시 제 서-9호 사립과학관으로 등록하여 2500여 종의 곤충 표본을 상설 전시하며, 10년여 동안 국내 곤충 문화 발전에 힘을 쏟았습니다. 지금은 자료들을 '충우곤충연구소'로 옮겨 곤충을 연구하며 재미있는 곤충 책들을 집필하고 있습니다.

기타 활동 이력
2018년부터 2020년까지 환경부 자문위원
국내 최초 아마추어 곤충 저널 〈계간 곤충〉 발행인
2020년 '과학문화 확산 유공자' 선정. 과학기술통신부 장관 표창 수상
현 충우곤충연구소 소장

집필 및 감수 활동
《큰턱 사슴벌레 VS 큰뿔 장수풍뎅이》 (글, 사진)
《Why? 장수풍뎅이와 사슴벌레》 (감수, 사진)
《세계 곤충 탐험》 (글, 사진)
이외 다수의 곤충 도서 감수

* 허가 받지 않은 외국 사슴벌레와 장수풍뎅이는 식물 방역법상 국내에 수입할 수 없습니다. 단, 표본은 수입이 가능합니다.

곤충 이야기 도감
큰턱 사슴벌레 VS 큰뿔 장수풍뎅이

초판 1쇄 발행 2006년 10월 14일 개정판 1쇄 발행 2012년 8월 20일
3판 1쇄 발행 2023년 9월 1일 3판 2쇄 발행 2024년 10월 29일

글·사진 장영철 기획 진용주
펴낸이 최순영

교양 학습 팀장 김솔미 편집 손민지
키즈 디자인 팀장 이수현 디자인 정상철, 이남숙
펴낸곳 ㈜위즈덤하우스 출판등록 2000년 5월 23일 제13-1071호
주소 서울특별시 마포구 양화로 19 합정오피스빌딩 17층
전화 02) 2179-5600
홈페이지 www.wisdomhouse.co.kr 전자우편 kids@wisdomhouse.co.kr

©장영철 2023
ISBN 979-11-6812-361-8 76490

* 이 책의 전부 또는 일부 내용을 재사용하려면 반드시 사전에 저작권자와
  ㈜위즈덤하우스의 동의를 받아야 합니다.
* 인쇄·제작 및 유통상의 파본 도서는 구입하신 서점에서 바꿔드립니다.
* 이 책의 사용 연령은 8~13세입니다.
* 책값은 뒤표지에 있습니다.

곤충이야기도감

큰턱 사슴벌레
vs
큰뿔 장수풍뎅이

글·사진 **장영철**

위즈덤하우스

 들어가는 말

곤충계의 매력 덩어리, 사슴벌레와 장수풍뎅이!

　사슴벌레와 장수풍뎅이를 본 적이 있나요? 큰 몸집으로 다른 곤충들을 압도해 버리는 위용과 강한 기세, 큰턱과 큰뿔의 용맹스러움, 몸을 감싸고 있는 빛나는 청동 갑옷과 아름다움을 뽐내는 현란한 색을 지닌 사슴벌레와 장수풍뎅이는 사람들의 눈길을 단번에 끌기에 충분합니다. 그래서인지 예전부터 사슴벌레와 장수풍뎅이는 어린이들이 손에 넣고 싶어 하는 인기 만점의 곤충이었습니다. 사슴벌레와 장수풍뎅이를 잡게 되면 보물처럼 애지중지하며 가지고 다녔고, 친구들에게 큰 부러움을 사기도 했지요. 이러한 인기는 지금도 이어지고 있어요. 사슴벌레와 장수풍뎅이 사육이 유행처럼 번져서 마트나 문구점에서 곤충과 곤충 사육 용품이 판매될 정도입니다.

　사슴벌레와 장수풍뎅이를 제대로 분양받고 사육하기 위해서는 미리 정보를 알아두어야 시행착오 없이 잘 키울 수 있습니다. 단것을 좋아하는 탓에 곤충 젤리와 과일을 먹이로 주면 초파리가 생기기 쉽고, 수분 조절을 잘하지 않으면 매번 산란에 실패하게 되니까요. 곤충 이야기 도감인 이 책은 그런 사육 정보는 물론, 채집법과 표본 방법, 국내외에 서식하는 150여 종의 사슴벌레와 장수풍뎅이에 대한 정보를 담고 있어 초보자는 탄탄한 기초 지식을 얻을 수 있고, 이미 키우고 있는 사람도 각종 다양한 정보에 재미를 느낄 수 있습니다.

　이 책은 1993년 딱정벌레 연구 동아리를 만들어 활동하던 대학 시절부터 곤충 포털 사이트 '충우(http://www.stagbeetles.com)'와 충우곤충박물관을 운영하는 현재까지, 직접 곤충들을 채집하고 연구하여 쌓아 온 수많은 정보와 자료를 토대로 쓴 것입니다. 사진 또한 곤

충들의 서식지를 찾아다니며 어렵게 잡아낸 생생한 움직임을 그대로 담았기 때문에 현장감이 살아 있는 멋진 컷, 좀처럼 접하기 힘든 귀한 사진들이 풍부하게 실려 있습니다.

본문은 크게 두 가지 패턴으로 구성되어 있어요. '이야기 도감'이라는 장르에 알맞게 1~3장에서는 사슴벌레와 장수풍뎅이에 대한 기본적인 상식을 비롯해서, 사육법과 채집법, 표본 방법 등과 같은 일반적인 곤충 지식을 알려 줍니다. 이어서 4~7장에서는 한국과 세계 편으로 나누어 사슴벌레, 장수풍뎅이들의 특징에 대해 자세히 설명하였으며, 마지막 부록에서는 그동안 '충우' 사이트에 가장 많이 올라온 질문들만 골라서 Q&A 형식으로 가볍게 정리해 놓았습니다.

한국의 사슴벌레와 장수풍뎅이는 앞으로도 많은 연구가 필요하며, 그러한 연구는 저뿐만 아니라, 바로 곤충에 관심이 많은 여러분이 해야 할 몫입니다. 이 책을 보고 사슴벌레와 장수풍뎅이를 단순히 사육하기 좋은 반려 곤충이나 게임의 주인공으로만 인식하지 말고, 그동안 몰랐던 신비하고 놀라운 곤충의 세계에 폭 넓은 관심을 갖게 되는 계기가 되었으면 좋겠습니다. 더 나아가 이들의 생태와 서식지, 특징 등을 제대로 알고 지금보다 더 친숙해질 수 있기를 바랍니다.

아울러 저와 같이 곤충 연구에 힘써 준 여러 친구들과 후배들, 큰 가르침을 주셨던 지도 교수님, 항상 사랑으로 이끌어 주는 가족에게 깊은 감사를 드립니다.

 **차례**

- 들어가는 말 4
- 이 책을 제대로 읽는 법 10

 **1장 사슴벌레, 장수풍뎅이와 만나 보자!**
사슴벌레와 장수풍뎅이는 왜 인기가 많을까? 14
사슴벌레와 장수풍뎅이의 정체를 밝혀라! 20

 **2장 사슴벌레와 장수풍뎅이를 키워 보자!**
초보자도 실패하지 않는 장수풍뎅이 키우기 38
아기자기한 재미가 있는 사슴벌레 키우기 48

 **3장 채집과 표본하는 방법을 알아보자!**
사슴벌레와 장수풍뎅이를 직접 채집해 보자! 66
곤충 표본 방법을 배워 보자! 82

 **4장 궁금해요! 한국의 사슴벌레**
가장 오래 사는 곤충, 왕사슴벌레 94
몸집이 작아 앙증맞고 귀여운 애사슴벌레 102
참나무 숲의 최강자, 넓적사슴벌레 106
비교! 비교! 넓적사슴벌레를 빼닮은 참넓적사슴벌레 110
붉은색 다리가 매력적인 홍다리사슴벌레 112

온몸에 털이 귀여운 털보왕사슴벌레 116
오래된 원시림에서 발견되는 작은 왕사슴벌레, 엷은털왕사슴벌레 120
왕사슴벌레의 축소판, 꼬마넓적사슴벌레 124
투구를 쓴 전사처럼 보이는 사슴벌레 128
포악하고 사나운 성격을 지닌 톱사슴벌레 134
비교! 비교! 또 하나의 톱사슴벌레, 두점박이사슴벌레 138
늦여름 산속의 친구, 다우리아사슴벌레 140
아름다운 광택이 돋보이는 원표보라사슴벌레 144
어른벌레와 애벌레가 사이좋게 지내는 길쭉꼬마사슴벌레 148
멋진 뿔이 달린 육식성 곤충, 제주뿔꼬마사슴벌레 150

5장 알아보자! 한국의 장수풍뎅이

한국의 대표 곤충, 장수풍뎅이 154
작은 몸에서 내뿜는 강한 힘, 외뿔장수풍뎅이 158
동글동글 깜찍한 둥글장수풍뎅이 162

6장 놀라워요! 세계의 사슴벌레

검은색의 매력, 최강의 파이터 왕사슴벌레속(Genus *Dorcus*) 166
왕사슴벌레의 상징, 중국왕사슴벌레 170
곤충계의 몸짱, 안테우스왕사슴벌레 172
천하장사 싸움꾼, 팔라완왕넓적사슴벌레 176
황소 뿔 같은 큰턱을 지닌 부세팔루스왕넓적사슴벌레 180
장갑차 같은 덩치의 소유자, 알키데스왕넓적사슴벌레 184

세계에서 가장 길이가 긴 톱사슴벌레속(Genus *Prosopocoilus*) 186
세계 최고의 길이를 자랑하는 기라파톱사슴벌레 188
거울처럼 반짝이는 딱지날개, 제브라톱사슴벌레 190

곤충 애호가들의 사랑을 받는 가위사슴벌레속 (Genus *Cyclommatus*) 192
다양한 빛깔의 금속 광택을 띠는 메탈리퍼가위사슴벌레 194
사슴뿔 같은 큰턱, 엘라프스가위사슴벌레 198

굵은 턱이 매력적인 큰턱사슴벌레속(Genus *Hexarthrius*) 202
곤충계의 폭군, 패리큰턱사슴벌레 204
쇠스랑 같은 큰턱, 만디블라리스큰턱사슴벌레 206

화려한 생김새로 유혹하는 그 외 사슴벌레들 208
현란한 색채의 마술사, 람프리마사슴벌레 210
무지개처럼 눈부시게 아름다운 뮤엘러리사슴벌레 214
황금색 변장의 대가, 로젠버기황금사슴벌레 220
에나멜 코팅처럼 빛나는 광택, 타란두스광사슴벌레 224

7장 신기해요! 세계의 장수풍뎅이

장수풍뎅이를 대표하는 왕장수풍뎅이속(Genus *Dynastes*) 230
긴 뿔을 가진 장사, 헤라클레스왕장수풍뎅이 234
검은색 광택의 헤라클레스, 넵튠왕장수풍뎅이 246
비교! 비교! 넵튠왕장수풍뎅이와 비슷한 사탄왕장수풍뎅이 250
백색의 장수풍뎅이, 그란티흰장수풍뎅이 252

비교! 비교! 그란티흰장수풍뎅이의 친구, 티티우스흰장수풍뎅이 256

코끼리 코를 떠올리게 하는 코끼리왕장수풍뎅이속(Genus *Megasoma*) 258
융단 같은 황색 털을 자랑하는 코끼리왕장수풍뎅이 260
흑색의 무적 전차, 악테온코끼리왕장수풍뎅이 264

아시아를 대표하는 청동왕장수풍뎅이속(Genus *Chalcosoma*) 268
아시아의 최강 전사, 코카서스왕장수풍뎅이 270
하늘을 떠받친 기둥, 아틀라스왕장수풍뎅이 276
보르네오 섬의 특산종, 모엘렌캄피왕장수풍뎅이 280

그 외의 여러 장수풍뎅이들 284
다섯 개의 뿔, 오각뿔장수풍뎅이 286
생명력은 내가 챔피언, 기데온장수풍뎅이 288
아프리카의 대표 선수, 켄타우르스장수풍뎅이 290

 **부록** 우리가 몰랐던 곤충의 세계 Q&A
곤충을 키울 때 가장 궁금한 점 Best 21 296

대륙별로 보기 1 아시아의 사슴벌레·장수풍뎅이 312
대륙별로 보기 2 아프리카의 사슴벌레·장수풍뎅이 314
대륙별로 보기 3 남아메리카의 사슴벌레·장수풍뎅이 316
사슴벌레·장수풍뎅이 찾아보기 318
참고 문헌 322

 **이 책을 제대로 읽는 법**

1~3장

사슴벌레와 장수풍뎅이의 일반적인 사육법, 채집법, 표본법을 소개하는 장으로, 설명을 돕기 위해 그림과 사진을 곁들였습니다.

이렇게 알찬 정보를 담았어요!

① 한눈에 보는 사슴벌레와 장수풍뎅이 계통도
② 몸의 앞면과 배면을 오밀조밀 살펴보는 사진
③ 초보자도 척척, 누구나 손쉽게 따라 하는 사육 방법
④ 총 12단계로 나눠서 보는 사슴벌레 표본 방법
⑤ 총 10단계로 나눠서 보는 나비 표본 방법

4~7장

직접 채집하고 표본한 사진들만 넣었기 때문에 정보량과 사진이 많을수록 사람들과 친숙하고 채집하기에 쉬운 사슴벌레임을 뜻합니다.

세계 편에는 한국 편과는 달리 '속(屬)'이라는 개념이 있습니다. 비슷한 부류끼리 묶어 놓은 것이지요. 본문에서 자세히 알려 주지 못한 사슴벌레는 '속'을 소개한 페이지에 생김새와 학명을 소개했으니 참고하세요.

이렇게 알찬 팁을 담았어요!

① 생김새와 특징이 궁금해!
　수컷과 암컷의 표본은 실제 크기이며, 그렇지 않으면 '실제 크기의 XX배'라고 표기했습니다. 또한 표본 사진에 채집 시기와 채집된 곳을 설명했어요.

예) 수컷(경기, 2006) → 2006년 경기도에서 채집되었음을 알려 줘요.

중국왕사슴벌레 수컷(중국) → 중국왕사슴벌레 수컷이 중국에서 채집되었음을 알려 줘요.

② 채집 방법의 노하우

어른벌레와 애벌레의 채집 방법을 각각 나누어 설명하였지만, 정보량이 한정된 경우에는 한꺼번에 설명하였습니다.

난이도를 알려 주는 ★ 표시는 1~5개로 표기. 채집 방법이 가장 쉬울 때가 1개.

③ 어떻게 살아갈까?

어른벌레와 암컷 및 애벌레를 따로 구분하였습니다. 어른벌레에는 수컷과 암컷을 모두 포괄하여 설명하였고, 암컷과 애벌레는 산란과 애벌레가 직결되어 있기 때문에 같이 묶어 놓았어요.

④ 재미있게 키우는 방법

어른벌레와 애벌레 사육법, 산란을 잘하는 방법을 소개했습니다.

난이도를 알려 주는 ★ 표시는 1~5개로 표기. 사육 방법이 가장 쉬울 때가 1개.

보충 설명과 재미있는 에피소드도 있어요!

여기서 잠깐! 본문에 나온 내용 중 보충 설명이 필요할 때

곤충 지식 플러스 본문 이외에 재미난 이야기를 더 알려 주고 싶을 때

비교! 비교! 본문에 나온 곤충과 비슷한 곤충을 비교하여 알려 줄 때

1장
사슴벌레, 장수풍뎅이와 만나 보자!

사슴벌레와 장수풍뎅이는 이름만 보아도 벌레, 즉 곤충이라는 것을 알 수 있어요. 곤충 중에서도 등껍질이 딱딱한 딱정벌레에 속합니다. 여섯 개의 다리와 두 쌍의 날개를 갖고 있는 곤충의 일반적인 특징 외에 사슴벌레와 장수풍뎅이만이 갖고 있는 매력과 특징에 대해 좀 더 자세히 알아보기로 해요. 이제 여러분도 사슴벌레, 장수풍뎅이와 금방 친구가 될 수 있을 거예요.

사슴벌레와 장수풍뎅이는 왜 인기가 많을까?

요즘에는 사슴벌레와 장수풍뎅이를 키우는 게 인기입니다. 사람들이 다른 벌레들은 무서워하고 싫어하면서 사슴벌레와 장수풍뎅이는 왜 이렇게 좋아하는 걸까요? 이 곤충들에게는 어떤 매력이 있는 걸까요? 이제부터 이 곤충들을 직접 탐구하며, 매력을 샅샅이 살펴보기로 해요. 자, 그럼 신비한 곤충의 세계로 출발!

어른 주먹 크기의 악테온코끼리왕장수풍뎅이

곤충 중의 최강자, 사슴벌레와 장수풍뎅이!

곤충은 지구상에 살고 있는 생물 중 가장 종류가 많으며, 극지방에서부터 사막, 열대 우림까지 어느 지역에서나 잘 적응하며 삽니다. 그 곤충 중 최강자가 바로 사슴벌레와 장수풍뎅이라고 할 수 있어요. 그렇다면 어떤 점 때문에 '곤충 중의 최강자'라는 별명을 얻게 되었을까요? 그 비밀을 알려 줄게요.

우선 사슴벌레와 장수풍뎅이는 몸집으로 다른 곤충들을 압도해 버린답니다. 몸집이 어른 주먹 크기만 한 남미의 악테온장수풍뎅이와, 최고 길이가 18cm에 이르는 헤라클레스왕장수풍뎅이가 대표적이라고 할 수 있겠지요.

생김새 또한 다른 곤충들이 기가 죽을 만큼 강하고 매력적이며,

사슴벌레와 장수풍뎅이 수컷들의 큰턱과 큰뿔은 다른 곤충들이나 천적들에게 무시무시한 무기가 되기도 하지요. 빛나는 청동 갑옷을 입은 코카서스왕장수풍뎅이와 온몸이 무지개 색으로 빛나는 뮤엘러리사슴벌레를 보세요. 그 아름다운 색에 반하지 않을 수 없을 거예요.

무지개 빛깔의 뮤엘러리사슴벌레

그뿐이 아니에요. 사슴벌레와 장수풍뎅이를 키워 본 사람은 알겠지만, 이 곤충들의 호전적인 성격은 마치 영화에 나오는 괴수와 같습니다. 하지만 자신의 몸을 방어하고 영역을 지키려는 모습은 마치 야생의 사자나 호랑이 같은 맹수보다도 더 용맹하지요.

코카서스왕장수풍뎅이를 번쩍 들어 올린 헤라클레스왕장수풍뎅이

곤충 젤리를 먹고 있는 장수풍뎅이 수컷

누구나 키우기 쉬운 반려 곤충

요즘은 집에서 키우는 반려동물의 종류가 참 다양해요. 개, 고양이는 물론, 열대어, 파충류, 햄스터, 심지어는 거미, 전갈까지……. 반려동물을 키우려면 많은 시간과 노력을 쏟아야 합니다. 넓은 공간도 필요하고 냄새 때문에 매일, 또는 하루에도 몇 번씩 씻겨야 하므로 참 수고스럽지요. 하지만 사슴벌레와 장수풍뎅이는 그렇게 하지 않아도 되는 동물이에요. 그 이유가 궁금하다고요? 같이 알아볼까요?

첫째, 여기저기 누비고 다니는 동물이나 큰 어항에서 생활하는 물고기와 달리, 사슴벌레와 장수풍뎅이는 작은 사육 케이스 하나만 있으면 됩니다. 이 곤충들은 그 안에서 짝짓기를 하고, 알을 낳으며 생활합니다. 애벌레도 1L짜리 병 속에 넣고 책상 위에 두면 그 속에서 어른벌레가 될 때까지 두고 보기만 하면 되니까 매우 편하지요.

둘째, 먹이도 간단합니다. 곤충 젤리와 발효시킨 참나무 톱밥만 있으면 되니까요. 나비의 먹이와 비교해 봐도 알 수 있어요. 나비는 애벌레마다 먹는 식초가 다르며, 어른벌레가 되어 날아다닐 때도 넓은 공간이 필요해요. 하지만 사슴벌레와 장수풍뎅이의 먹이인 곤충 젤리와 톱밥 가격은 다른 동물들 먹이보다 아주 저렴하므로 비용 부담이 없습니다.

그럼 단점은 없을까요? 장점이 있으니 당연히 단점도 있겠지요.

첫째. 가끔 사슴벌레나 장수풍뎅이가 먹는 곤충 젤리에 초파리가 생기는 게 단점입니다. 하지만 방충망 같은 것을 사육 케이스에 설치하면 금방 해결이 되지요.

둘째. 개나 고양이와는 달리, 주인을 알아보지 못합니다. 오히려 먹이를 주려고 하는 주인을 물려고 덤비니 때로는 무섭기도 하지요. 하지만 이런 야생적인 습성이 바로 사슴벌레와 장수풍뎅이만의 매력이 아닐까요?

다정한 왕사슴벌레 암수의 모습(왼쪽) / 짝짓기 하는 장수풍뎅이 암수(오른쪽)

체험 학습 대상으로 안성맞춤

어렸을 적, 시골에서 자란 어른들은 사슴벌레나 장수풍뎅이를 참나무 숲에서 잡아 싸움을 시키며 놀았던 기억이 있을 겁니다. 이런 추억을 부모님과 아이가 함께 집에서 느낄 수 있으면 얼마나 좋을까요?

주위를 둘러보면 도시화가 되면서 곤충들의 터전이 사라져 예전에는 쉽게 볼 수 있었던 곤충들을 이제는 점점 보기 힘듭니다. 이런 곤충들을 보려면 멀리 산이나 들로 나가야만 하지요.

그래서 요즘은 자연 속에서 곤충들을 보고 만질 수 있는 체험 학습장이 많이 생겨나고, 다양한 곤충 행사와 전시회가 열리고 있습니다. 하지만 곤충을 집 안에서 쉽게 키우고 관찰할 수 있다면 체험 학습으로 더없이 좋을 것입니다. 알이 부화하여, 애벌레가 되고, 애벌레가 번데기에서 어른벌레로 변하는 곤충의 완전 탈바꿈(완전 변태) 과정을 바로 눈앞에서 관찰할 수 있으니 말이에요.

여기서 잠깐!

불완전 탈바꿈(불완전 변태)

불완전 탈바꿈을 하는 곤충들은 알에서 부화하면 '애벌레'라고 부르지 않고, '약충'이라고 부릅니다. 약충은 어느 정도 어른벌레의 모습을 하고 있으며, 자라면서 허물을 벗으며 몸집을 키웁니다. 번데기 단계를 거치지 않고 어른벌레가 되는 것이 완전 탈바꿈과 다른 점입니다. 불완전 탈바꿈을 하는 곤충으로는 메뚜기목, 잠자리목, 바퀴벌레목, 매미목 등이 있습니다.

완전 탈바꿈(완전 변태)

완전 탈바꿈이란, 자라면서 몸의 형태가 단계별로 변하는 것을 뜻합니다. 사슴벌레와 장수풍뎅이는 곤충 중에서도 가장 진화된 단계인 완전 탈바꿈을 하는 곤충입니다. 사슴벌레와 장수풍뎅이는 '알 ➔ 1령 애벌레 ➔ 2령 애벌레 ➔ 3령 애벌레 ➔ 번데기 ➔ 어른벌레'의 과정으로 허물을 벗으며 변태하지요. 완전 탈바꿈을 하는 곤충으로는 개미목, 파리목, 딱정벌레목, 나비목 등이 있습니다.

상수리나무 숲의 톱사슴벌레 수컷(위쪽) / 완전 탈바꿈을 하는 곤충인 장수풍뎅이 수컷의 우화 직후의 모습(아래쪽)

사슴벌레와 장수풍뎅이의 정체를 밝혀라!

곤충은 전체 동물의 약 70%를 넘게 차지하고 있으며, 거미류, 갑각류(게, 가재, 새우 등), 다지류(지네 등)를 포함하는 절지동물에 속해요. 절지동물 중에서도 가장 많은 종으로 구성된 것이 곤충입니다. 곤충을 분류하는 기준에는 여러 가지가 있는데, 사슴벌레와 장수풍뎅이는 어느 분류에 속하는지 이제부터 샅샅이 살펴보기로 해요.

딱정벌레목에 속하는 곤충들

곤충에는 수많은 종류가 있어요. 대표적으로는 나비, 메뚜기, 개미, 잠자리, 딱정벌레, 파리 등이 있는데, 그중에서도 사슴벌레와 장수풍뎅이는 딱정벌레목(目)에 속합니다. 딱정벌레목에 속하는 곤충들은 공통적으로 앞날개가 딱딱하게 굳어서 된 딱지날개를 가지고 있어요. 이것이 다른 곤충들과 구별되는 점이에요. 딱정벌레목은 곤충 중에 가장 많은 종을 포함한 분류군이고, 주변에서 쉽게 볼 수 있는 무당벌레, 풍뎅이, 하늘소, 물방개 등이 모두 이 딱정벌레목에 속합니다.

짝짓기 중인 무당벌레(왼쪽) / 남미의 아름다운 보석풍뎅이들(오른쪽)

다음 그림과 분류표로 더 자세히 알 수 있어요.

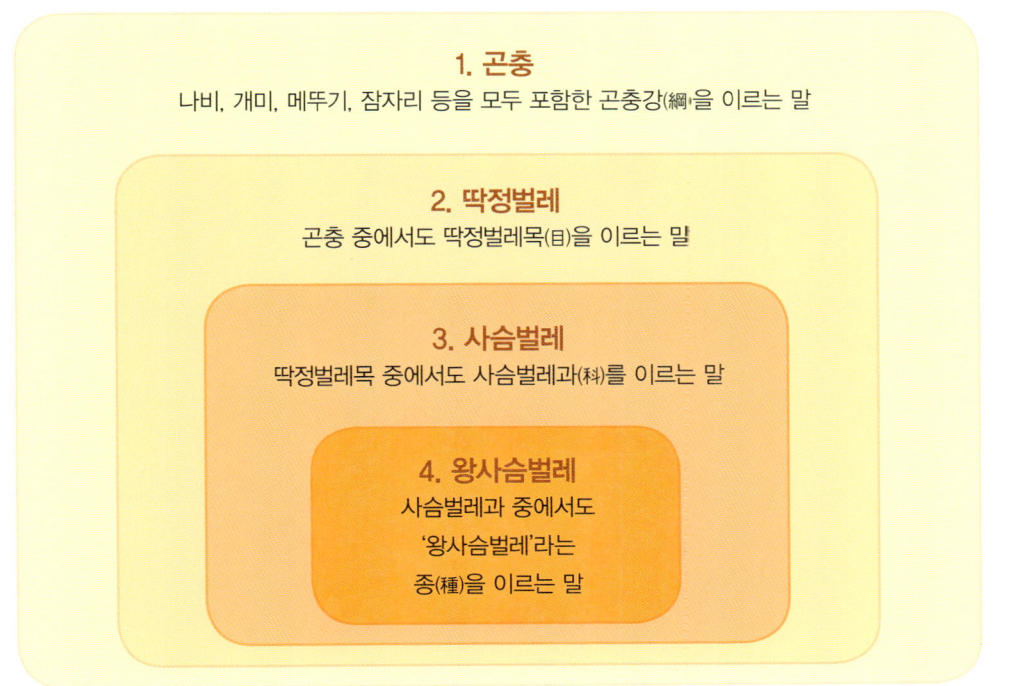

한눈에 보는 사슴벌레와 장수풍뎅이

● **영문으로 분류하는 방법**

Kingdom(계) > Pylum(문) > Class(강) > Order(목) > Family(과) > Genus(속) > Species(종)

● **학명으로 분류하는 방법**

왕사슴벌레 ①

Dorcus *hopei* *hopei* (Saunders, 1854)
   ②   ③   ④   ⑤   ⑥

왕사슴벌레 수컷

① 왕사슴벌레는 우리나라에서 부르는 *Dorcus hopei hopei*의 국명입니다.

② *Dorcus*는 왕사슴벌레라는 종이 속하는 속(Genus)을 뜻합니다.

③ *hopei*는 왕사슴벌레의 종(Species)명을 뜻합니다.

④ *hopei*는 아종(Subspecies)명으로 종을 산지나 형태적 변이로 세세하게 나눌 때 사용합니다.

⑤ Saunders는 왕사슴벌레를 제일 처음 학문적으로 기록한 사람, 즉 명명자의 이름인데 생략할 수도 있습니다.

⑥ 1854는 Saunders가 왕사슴벌레를 학문적으로 기록한 해의 연도입니다. 명명자와 연도에 가로가 있는 것은 해당 종의 속명이 처음 기록과 달리 수정되었다는 뜻입니다.

사슴벌레와 장수풍뎅이의 부위별 분석

장수풍뎅이의 겹눈

Q 곤충의 눈은 사람의 눈과 같은 일을 할까?

A 사슴벌레와 장수풍뎅이의 눈은 겹눈으로 되어 있어요. 사람의 눈처럼 사물을 뚜렷하게 감지하지는 못하지만, 사물과 빛의 움직임에는 매우 민감한 편입니다. 하지만 움직임과 빛만 느낄 뿐, 더듬이와 몸에 나 있는 미세한 털들이 외부의 사물로부터 많은 정보를 알아냅니다.

냄새를 정확히 맡는 사슴벌레 더듬이

Q 더듬이는 어떤 역할을 할까?

A 더듬이는 사람의 눈과 같은 역할을 합니다. 더듬이가 없으면 눈이 보이지 않는 것과 같다고 할 수 있어요. 여러 마디로 되어 있는 더듬이는 민감하여 화학적인 냄새를 정확히 맡아, 먹잇감과 짝짓기 상대인 암컷이 어디 있는지 정확하게 찾아낼 수 있습니다. 비행을 할 때 더듬이를 활짝 펴고 나는 것도 먹이나 암컷의 냄새를 잘 맡기 위해서입니다. 더듬이의 끝마디에는 아주 미세한 구멍이 있는데, 그 구멍으로 냄새를 감지하기도 하지요.

Q 먹이는 어떻게 먹을까?

A 사슴벌레와 장수풍뎅이는 참나무 수액을 좋아합니다. 참나무 수액에 아랫입술수염을 대고 더듬거리면 맛을 볼 수 있어요. 입안에는 붓같이 생긴 부드러운 털이 있는데, 털에 수액을 묻혀 입속에 넣고 다시 그 털을 입 밖으로 내밀어 수액을 묻히는 방법을 여러 번 반복하면서 수액을 핥아먹습니다.

장수풍뎅이가 곤충 젤리를 먹는 모습

Q 배설은 어떻게 할까?

A 사슴벌레와 장수풍뎅이는 어른벌레의 경우, 배의 꽁무니 끝에서 액체를 내뿜으며 배설합니다. 한편, 애벌레는 톱밥이 단단히 뭉쳐진 씨앗처럼 생긴 똥을 배설합니다.

사슴벌레 애벌레가 배설하는 모습

Q 사슴벌레 수컷의 큰턱과 장수풍뎅이 수컷의 큰뿔은 어떻게 해서 지금의 모습으로 생긴 것일까?

A 좋은 먹이를 찾고, 번식을 잘하기 위해 암컷을 골라야 하는 수컷들은 각각 큰턱과 큰뿔로 경쟁자를 물리쳐 왔습니다.

사슴벌레 수컷의 큰턱

장수풍뎅이 수컷의 큰뿔

장수풍뎅이끼리 싸우는 모습

어른벌레의 기문

이 턱과 뿔은 계속 사용하다 보니 진화하게 되어 지금은 강한 큰턱과 큰뿔로 변모되었어요. 바로 이 큰턱과 큰뿔이 사슴벌레와 장수풍뎅이를 곤충의 왕으로 만들어 준 중요한 무기가 된 셈이지요.

Q 사슴벌레와 장수풍뎅이는 얼마나 힘이 셀까?

A 매우 튼튼한 다리와 온몸이 강한 근육으로 연결된 이 곤충은 자신의 몸보다 열 배가 넘는 물체도 강한 다리로 들고 끌 수 있어요. 그래서 힘으로 사슴벌레와 장수풍뎅이를 당할 곤충은 거의 없습니다.

Q 사슴벌레와 장수풍뎅이는 어디로 숨을 쉴까?

A 사슴벌레나 장수풍뎅이 같은 곤충들은 사람이 코나 입으로 호흡하는 것처럼 공기를 들이마시는 곳이 따로 있습니다. 바로 배 부분의 마디 양쪽에 있는 기문이지요. 숨을 쉴 수 있는 구멍이라 해서 '숨구멍'이라고도 해요. 애벌레들도 어른벌레와 마찬가지로 몸통의 옆면에 기문을 가지고 있습니다.

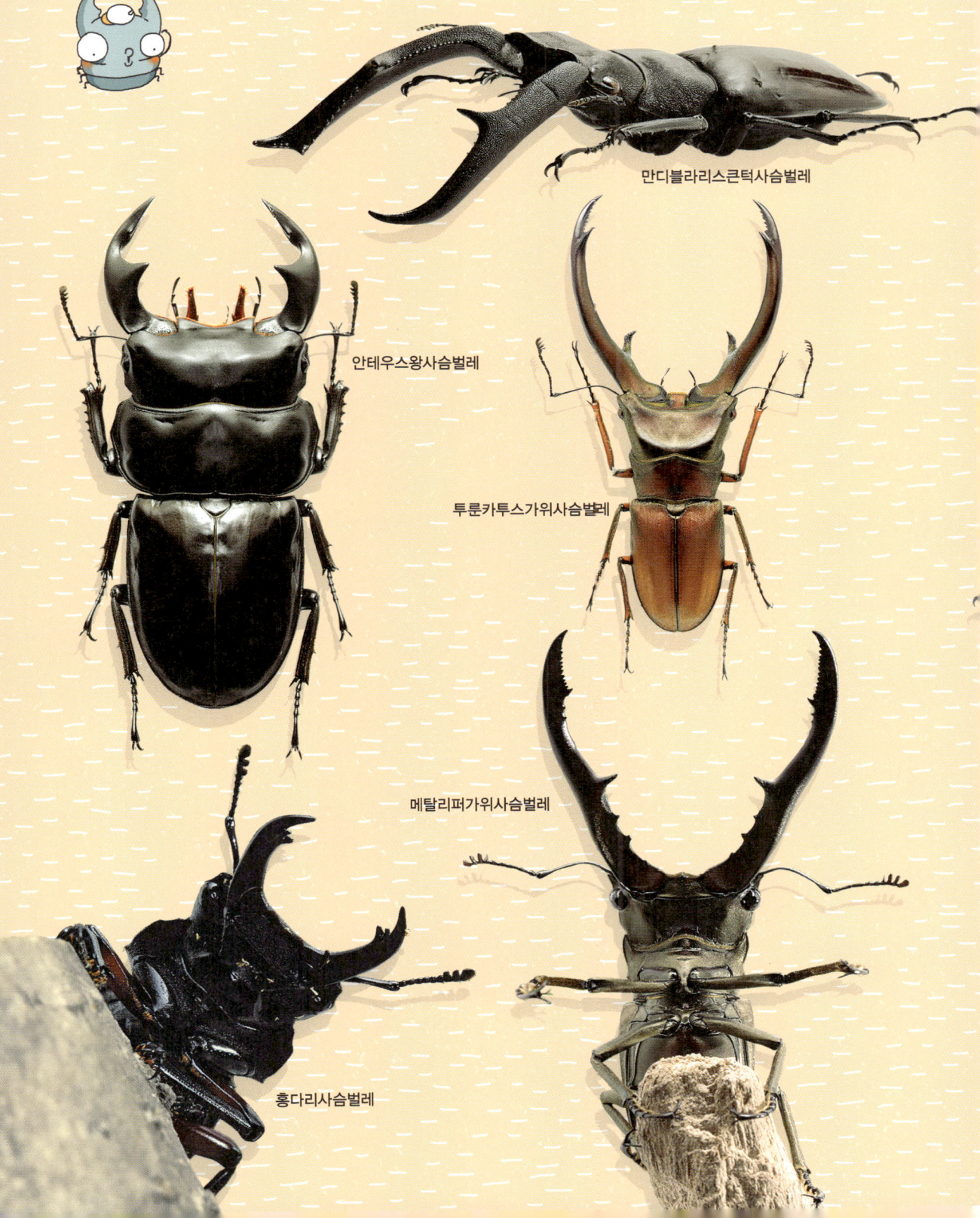

장수풍뎅이와 사슴벌레의 몸의 구조는 머리, 가슴, 배로 나누어져 있다.
머리(Head)는 한 쌍의 더듬이와 겹눈을 갖고 있으며, 입술 끝부분에는 아랫입술수염이 있다.
가슴(Thorax)은 앞가슴(Prothorax), 가운데가슴(Mesothorax), 뒷가슴(Metathorax)으로 구성되어 있으며 날개와 다리를 움직일 수 있는 근육이 위치해 있다. 각각의 가슴에 한 쌍의 다리가 연결되어 있으며, 가운데가슴과 뒷가슴에 한 쌍씩 날개가 연결되어 있다.
배(Abdomen)는 호흡, 소화, 배설, 생식을 담당하는 기관들이 위치한 곳이다.
이외에 **다리(Legs)**가 있으며 크게 나누어서 앞다리(Fore legs), 가운뎃다리(Mid legs), 뒷다리(Hind legs), 이렇게 세 쌍의 다리가 있다.

왕사슴벌레

(앞면) / (뒷면)

입술혀(Ligula)
붓같이 생긴 털이 나와 수액을 묻혀 핥아먹는다.

턱(Mandibles)
딱정벌레목 중 가장 크게 발달한 턱이다. 공격과 방어를 할 때 쓴다.

아랫입술수염(Labial Palp)
먹이를 맛보고 느끼는 곳이다.

더듬이(Antennae)
이동할 때 활짝 펴서 더듬이 끝마디의 작은 구멍과 둘레의 털로 공기 중의 냄새를 맡는다.

밑마디(Coxa)
다리와 가슴을 이어 준다.

겹눈(Compound eyes)
사물의 움직임이나 빛을 느낄 수 있다.

넓적다리마디(Femur)
다리 부분에서 가장 근육이 발달한 곳이다.

소순판(Scutellum)
우화시 번데기의 껍질을 찢을 때 쓴다.

종아리마디(Tibia)
가시같이 튀어나와 적을 방어하며 앞다리의 가시를 이용해 더듬이를 청소를 한다.

발목마디(Tarsus)
마디가 나누어져 발톱이 닿는 곳과 몸체의 쿠션 역할을 한다.

앞날개(딱지날개, Elytra)
딱딱해서 몸을 보호하고 수분의 증발을 막는다. 뒷날개는 앞날개 안에 접혀 있고, 하늘을 날 때 쓴다.

발톱(Claw)
갈고리 모양으로, 나무에 오르거나 붙을 수 있게 발달됐다.

장수풍뎅이와 사슴벌레의 몸의 구조

장수풍뎅이

(앞면) (뒷면)

뿔(Horns)
머리와 앞가슴에 발달했다. 공격과 방어를 할 때 쓴다.

입술혀(Ligula)
붓같이 생긴 털이 나와 수액을 묻혀 핥아먹는다.

더듬이(Antennae)
이동할 때 활짝 펴서 더듬이 끝마디의 작은 구멍과 둘레의 털로 공기 중의 냄새를 맡는다.

겹눈(Compound eyes)
사물의 움직임이나 빛을 느낄 수 있다.

아랫입술수염(Labial Palp)
먹이를 맛보고 느끼는 곳이다.

종아리마디(Tibia)
가시같이 튀어나와 적을 방어하며, 앞다리의 가시를 이용해 더듬이를 청소하기도 한다.

넓적다리마디(Femur)
다리 부분에서 가장 근육이 발달한 곳이다.

소순판(Scutellum)
우화(날개돋이) 시 번데기의 껍질을 찢을 때 쓴다.

밑마디(Coxa)
다리와 가슴을 이어 준다.

발목마디(Tarsus)
마디가 나누어져 발톱이 닿는 곳과 몸체의 쿠션 역할을 한다.

발톱(Claw)
갈고리 모양으로, 나무에 오르거나 붙을 수 있게 발달돼 있다.

앞날개(딱지날개, Elytra)
딱딱해서 몸을 보호하고 수분의 증발을 막는다. 뒷날개는 앞날개 안에 접혀 있고, 하늘을 날 때 쓴다.

사슴벌레는 일생을 어떻게 살아갈까?

● 알

수컷과 짝짓기를 한 왕사슴벌레 암컷은 맛있는 수액을 찾아, 배가 부를 때까지 수액을 먹습니다. 그리고는 아주 잘 썩은 참나무를 찾아 날카로운 큰턱으로 나무에 구멍을 파기 시작합니다. 파 놓은 구멍에 꽁무니를 집어넣고 알을 낳은 뒤, 알이 보이지 않게 톱밥으로 구멍을 덮습니다. 이제 암컷은 또 다른 곳에 알을 낳기 위해 이동합니다.

썩은 참나무 속의 왕사슴벌레 알

드디어 새로운 생명이 탄생하는 걸까요? 암컷은 3mm의 작은 타원형 알을 낳았군요. 하루 이틀이 지나면 알은 점점 커지면서 타원형에서 원형으로 모양이 변합니다. 알은 약 2주가 지나면 부화합니다. 새로운 생명이 탄생하여 이제 1령 애벌레가 되는 것이지요.

● **애벌레**

먹은 흔적을 따라 발견된 왕사슴벌레 3령 애벌레

갓 부화한 1령 애벌레의 머리는 부드럽고 투명한 흰색을 띱니다. 하지만 얼마 지나지 않아 머리와 턱 부분은 금방 진해지고 단단해져요. 애벌레는 맛있게 썩은 참나무를 큰턱으로 씹어 먹으면서, 오랫동안 외롭게 지낸 어둡고 썩은 나무 속에서 세상 밖으로 나갈 그날을 위해 첫발을 내딛습니다.

더운 여름철에는 활발히 움직일 수 있기 때문에 성장 속도도 빨라져요. 2주가 지나면 머리보다 몸이 더 뚱뚱해지고, 머리는 갈라지고 커지면서 2령 애벌레가 됩니다. 딱딱한 부위도 커진 턱으로 쉽게 갉아먹습니다. 이때 난소가 있느냐, 없느냐에 따라 암수의 성별을 알 수 있습니다.

2령 애벌레는 한 달 정도 지나면 머리보다 몸이 훨씬 더 커지고 또 한 번의 탈피를 합니다. 그럼 애벌레의 마지막 단계인 3령 애벌레(종령 애벌레)가 됩니다. 날씨가 조금씩 추워지면, 3령 애벌레는 겨울이 오기 전까지 몸집을 키웁니다. 날씨가 추워질수록 애벌레는 점점 움직임을 줄이고 겨울 준비를 하게 되지요. 먹는 것을 멈추고 몸을 움츠린 애벌레는 몸 색깔이 투명하게 되고, 죽은 것처럼 움직이지 않습니다. 이 상태로 혹독한 겨울의 추위를 썩은 참나무 속에서 견딥니다.

다시 눈이 녹고 새봄이 옵니다. 죽은 것처럼 움직이지도 않던 애벌레는 투명했던 몸이 정상으로 되면서 다시 나무를 갉아먹기 시작합니다. 정말 신비로운 일이 아닐 수 없습니다. 초여름, 몸이 부쩍 커져서 어른 손가락만큼 큰 애벌레의 몸이 점점 노랗게 변해 갑니다. 번데기가 될 시간이 다가왔기 때문이에요.

애벌레는 나무에서 나가기 좋은 위치, 바로 껍질 밑에서 세상으로 나갈 구멍을 뚫고 자신의 몸보다 훨씬 큰 방을 만듭니다. 그리고 며칠 동안 가만히 있으면 몸이 쭈글쭈글해지고 뒤로 누워 버려 더 이상 기어다니지 못하는 애벌레가 되고 맙니다. 이것을 전용(번데기 전 애벌레 상태)이라고 하지요.

● **번데기**

1~2주일 정도 지나면 쭈글쭈글한 몸이 점점 팽팽해지면서 머리가 갈라지기 시작합니다. 아주 신비로운 순간이에요. 번데기는 처음에 연노란색을 띠었다가 점점 노랗게 변해 갑니다. 몸 색깔이 점점 진해져서 약 1~2주일이 지나면 여기저기 갈색을 띠기 시작하고, 눈도 까맣게 변합니다. 어른벌레가 될 시간이 얼마 남지 않았다는 징조이지요.

그러다 몸을 거꾸로 뒤집은 번데기의 등이 갈라지면서 어른벌레가 되기 위해 날개돋이를 시작합니다. 서서히 몸을 움직이며 번데기의 껍질을 뒤로 벗은 어른벌레는 접혀 있던 머리를 펴기 시작하지

왕사슴벌레 수컷 번데기

요. 이제 누가 보아도 당당한 왕사슴벌레의 수컷이 됩니다. 붉은빛이 돌던 몸도 점점 짙은 갈색으로 변하여 한 달 정도가 되면 성숙한 사슴벌레의 모습으로 변합니다.

번데기방 속에서 휴면 중인 왕사슴벌레 수컷

● **어른벌레**

기나긴 시간을 나무 속에서 지내 온 왕사슴벌레는 드디어 어른벌레가 되어 세상에 나가고 싶어 합니다. 하지만 한여름이 거의 지나갈 무렵이라 세상 밖으로 나가도 어른벌레로서 일생을 보내기엔 시간이 모자랍니다. 꾹 참고 다음 해 여름을 기다려야 하지요. 그렇게 어른벌레는 번데기방 속에서 또 다시 가을과 추운 겨울을 맞이합니다.

● **암컷과 수컷의 만남**

정말로 추운 겨울이었습니다. 번데기방에서 꼼짝도 하지 않은 채 몇 달을 외롭고 춥게 보냈습니다. 하지만 다시 봄이 오고 참나무 숲이 푸른빛으로 가득하면 몸을 움직이기 시작합니다. 초여름 밤, 껍질을 슬쩍 밀어내고 나무 위로 나와 새로운 세계가 신기한 듯 더듬이를 까딱거리며, 공기를 타고 오는 냄새를 맡습니다. 근처에서 수액이 흐르는지, 달콤한 수액의 냄새가 수컷을 자극합니다. 드디어 수컷이 날아오릅니다. 딱지날개를 편 수컷은 첫 비행을 시작하지요.

그렇게 수액을 찾아다니며 1주일 동안 배를 가득 채웁니다. 그리고 저녁이 되자, 다른 냄새를 맡았는지 더듬이를 까딱거리더니 날아올라 참나무 숲의 구석까지 날아가 나무에 내려앉습니다. 그곳에서는 반짝반짝 빛나는 아름다운 왕사슴벌레 암컷이 정신없이 수액을 먹고 있습니다. 수컷은 처음 만난 암컷에게 천천히 다가가지만 수컷 앞을 검은 물체가 가로막습니다. 수컷은 큰턱을 번쩍 들어 앞을 봅니다. 그곳에는 이미 다른 수컷이 암컷을 차지하기 위해 와 있습니다.

참나무 위의 왕사슴벌레 한 쌍

두 마리 수컷은 암컷 쟁탈전을 시작합니다. 서로 큰턱을 최대한 위로 들어 세우며 딱딱 소리를 내면서 허공에 가위질을 합니다. 상대의 움직임을 파악하기 위해 몹시 빠르고 민첩하게 더듬이를 움직입니다. 수컷은 빠르게 상대 수컷의 밑으로 뿔을 집어넣어 큰턱으로 가슴을 물고는 번쩍 들어 올립니다. 허공에 들린 상대 수컷은 발을 버둥거리지만, 이미 승부는 결정난 상태! 상대 수컷을 나무 위에서 바닥으로 던져 버립니다. 드디어 암컷을 차지할 수 있는 강한 수컷의 자격을 얻은 것이지요.

● 다시 자연 속으로

여름이 다 끝나가고, 수컷은 많이 지쳐서 이제 쉬어야 할 때입니다. 참나무 작은 구멍으로 들어간 수컷은 앞으로 닥쳐올 추위와 싸워야 합니다. 그래야 다음 해에도 참나무 숲의 여름을 볼 수 있으니까요.

수컷은 그렇게 나무 구멍 속에서 몸을 한껏 움츠린 채 겨울잠에 빠진답니다.

나무 구멍을 향해 떠나는 왕사슴벌레 수컷

2장

사슴벌레와 장수풍뎅이를 키워 보자!

알에서 어른벌레로 잘 키워 내기 위해서는 꼭 필요한 용품과 사육 방법을 미리 알아 둬야 합니다. 사슴벌레와 장수풍뎅이는 각각 특징이 다르기 때문에 알아야 할 지식도 차이가 있어요. 건강하고 많은 개체를 얻기 위한 사육 과정에 직접 참여해 보세요. 놀라움과 기쁨을 한꺼번에 느낄 수 있습니다.

초보자도 실패하지 않는
장수풍뎅이 키우기

장수풍뎅이는 사슴벌레보다 활동이 많고 산란을 쉽게 하는 편이라, 곤충을 처음 키우는 사람에게 딱 맞는 반려 곤충입니다. 수명은 짧은 편이지만 애벌레들을 많이 볼 수 있으며, 사슴벌레보다 애벌레의 크기도 큰 편이어서 관찰하기에 좋습니다. 그럼 가장 인기 있는 장수풍뎅이의 사육 방법에 대해서 자세히 알아보기로 해요.

장수풍뎅이의 한살이

　장수풍뎅이는 사슴벌레처럼 완전 변태를 하고, 1년을 주기로 하여 알에서 애벌레로, 그리고 번데기에서 어른벌레로 변해 갑니다.
　남부 지방에 많이 분포하고, 중부 지방과 강원도 등지에서도 서식합니다. 6월 하순경부터 참나무 숲에 나타나기 시작해 7월 중순에서 8월에 가장 왕성하게 활동하지요. 장수풍뎅이가 좋아하는 참나무 수액에는 사슴벌레와 많은 곤충이 먹이를 먹기 위해 모여들지만, 단연 힘이 센 장수풍뎅이가 가장 좋은 자리를 차지합니다.
　암컷은 수컷과 짝짓기를 마친 뒤, 먹이를 충분히 먹고 산란을 하기 위해 이리저리 비행을 하며 적당한 장소를 찾습니다. 암컷은 산란하기에 적당한 부엽토층이나 퇴비를 찾으면 깊숙이 들어가 최고 100개 이상의 알을 낳기도 합니다. 그러면 새로운 장수풍뎅이들이 태어나게 되지요.

그림으로 보는 장수풍뎅이의 일생 (약 1년 주기)

산란한 후의 알

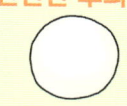

부화하기 전 알

❶ 알~부화
산란한 후의 알은 약 3mm이고, 수분을 빨아들이면서 점점 알이 커진다.
부화할 때가 가까워지면 알의 표면에 애벌레의 형태가 비치고, 약 2주 정도가 지나면 1령 애벌레가 부화한다.

갓 부화한 1령 애벌레

❹ 어른벌레
어른벌레가 되면 약 1~2주 정도 몸을 말린 후 번데기방을 부수고 본격적인 활동을 시작한다. 야생에서 어른벌레의 수명은 약 1~2개월이고, 짝짓기와 산란을 마친 어른벌레는 다시 자연으로 돌아간다. 알에서 어른벌레까지 가는 데 1년 정도 소요된다.

짝짓기 하는 암수 장수풍뎅이

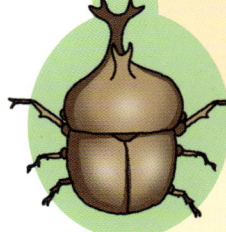

어른벌레

❷ 1령~3령 애벌레
부엽토 등을 먹으며, 허물을 벗고 1령 → 2령 → 3령 애벌레로 커진다. 1~2령 애벌레의 기간은 약 1~2개월이고, 번데기가 되기 전까지 3령 애벌레로 지낸다. 즉, 애벌레의 반 이상 기간을 3령 애벌레로 보낸다.

2령 애벌레

❸ 전용~번데기
번데기가 되기 전에 3령 애벌레는 몸이 쭈글쭈글해지고 방을 만든 뒤에는 더 이상 움직이지 못한다. 이것을 '전용 상태'라고 한다. 세로로 만든 번데기방에서 2주 정도를 보내면 번데기로 탈바꿈하고, 다시 2주가 지나면 허물을 벗고 어른벌레로 날개돋이를 한다.

허물 벗은 번데기

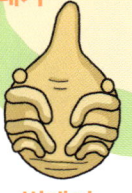

번데기

전용 상태의 애벌레

3령 애벌레

제대로 입양하고 구입하는 법

그럼 사슴벌레와 장수풍뎅이는 어디에서 입양할까요? 5~6년 전만 해도 이 곤충들을 구하기가 쉽지 않았지만, 요즘엔 인터넷에서 많은 정보를 얻고 쉽게 구할 수 있습니다. 물론 곤충들을 직접 보고 구매하는 것이 가장 안전한 방법이겠지요. 그럼, 제대로 입양하고 잘 키우기 위해 어떻게 해야 하는지 차례차례 알아볼까요?

 여기서 잠깐!

사슴벌레와 장수풍뎅이를 입양하기 전에 꼭 알아야 할 것들

① 몸 전체의 광택이 좋고, 상처가 없는지 살펴봅니다.
② 큰턱이 닳았는지, 또는 더듬이나 다리가 떨어지지 않았는지 확인합니다.
③ 몸을 뒤집어 보아 진드기가 있는지 살펴봅니다.
④ 먹이는 충분히 먹었는지, 지금도 먹이를 잘 먹고 있는지 확인합니다.
⑤ 암수를 따로 사육했는지 알아봅니다.

- ①, ②, ③의 경우에는 야생에서 채집되었는지, 또는 우화한 뒤 오래되었는지를 구분하는 데 필요합니다.
- ④는 영양이 잘 공급되었는지, 건강한지를 확인해 볼 수 있습니다.
- ⑤는 암수를 따로 사육해야 정확하게 사육할 수 있으므로 반드시 사전에 알아 두어야 할 절차입니다.

참나무 위의 장수풍뎅이 수컷

사육에 필요한 용품들

장수풍뎅이와 사슴벌레를 잘 키우기 위해서는 사육 용품을 잘 준비해 둬야 합니다. 편리한 용품들이 일본에서 많이 수입되고 있지만, 초보자들은 어떤 것을 구입해야 할지 몰라 당황스러울 수도 있어요. 따라서 곤충을 입양하려면 즉시 사육할 수 있도록 꼭 필요한 용품들을 미리 알아 두세요!

① 사육 케이스

곤충을 키우는 작은 공간입니다. 투명한 플라스틱으로 된 제품이 많이 쓰이며, 국산품부터 수입품까지 종류가 다양합니다. 간이 사육이나 짝짓기용으로는 작은 케이스를 사용하며, 산란하기 위해서는 특대 사이즈 이상의 큰 케이스를 사용하는 것이 좋아요.

② 매트용 톱밥과 애벌레 사육용 톱밥

참나무 톱밥과 첨가제, 수분을 넣어 발효시킨 제품을 '발효 톱밥'이라고 해요. 요즘은 사슴벌레용과 장수풍뎅이용 톱밥이 각각 나뉘어져 있습니다. 매트용은 톱밥이 굵고 거친 것을, 사육용은 입자가 곱고 발효가 잘된 것을 사용하는 것이 좋아요.

③ 산란나무

'산란목(産卵木)'이라고도 부릅니다. 장수풍뎅이에겐 필요하지 않지만, 사슴벌레에게는 필요해요. 사슴벌레는 야생의 썩은 참나무에서 산란하기 때문이에요. 산란나무로는 표고버섯을 3년 이상 재배했던 썩은 상수리나무나 졸참나무 등이 사용됩니다.

④ 애벌레 사육병

애벌레를 사육하기 위해서는 약 1L의 투명한 PS 재질의 플라스틱 병이나 버섯 재배용으로 사용되는 균병을 많이 사용합니다. 집에서 사용하고 남은 플라스틱 페트병이나 유리병 등을 사용해도 되지요.

⑤ 어른벌레의 먹이

어른벌레는 시큼한 냄새가 나는 수액을 먹고 살아요. 하지만 사육할 때에는 곤충 젤리나 수분 있는 과일(바나나, 사과)을 줍니다. 단, 과일은 초파리가 많이 생기므로 곤충 젤리를 줘야 깨끗한 환경을 유지할 수 있습니다. 일본에서 수입되는 단백질 곤충 젤리가 힘을 강하게 하고 산란에 도움을 주어 인기가 높습니다.

⑥ 먹이 접시, 놀이 나무

먹이 접시는 곤충 젤리를 뒤집히지 않게 고정시키므로 사육 케이스를 청결하게 유지시켜 줍니다. 또 수컷이 낮에 숨어 있기도 하며, 짝짓기 장소로도 자주 사용됩니다. 놀이 나무는 곤충이 뒤집혔을 때 일어나도록 발판 역할을 해 줍니다. 한 번 뒤집히면 일어나기 어려워서 죽는 경우도 있어요. 따라서 빈 공간이 안 생기게 잘 배치하고 낙엽으로 공간을 채우는 게 안전합니다.

⑦ 균사

대형 사슴벌레 개체를 얻고 싶으면 반드시 균사 사육을 해야 합니다. 균사병은 사슴벌레 사육 방법에서 더 자세히 알아보도록 하지요.

⑧ 보습 방충 시트

사육할 땐 매트에 수분을 적당히 주는 것이 가장 중요해요. 건조하면 산란하기가 힘들기 때문입니다. 분무기로 물을 뿌려 수분을 유지하기보다 수분 증발과 초파리의 진입을 방지하는 비닐 시트를 사용하는 게 좋아요.

⑨ 기타 용품

긴 핀셋은 사슴벌레나 장수풍뎅이의 먹이를 주거나 어른벌레를 꺼낼 때 쓸모가 많습니다. 이외에도 사육에 도움이 되는 용품을 곤충 전문점에서 판매하고 있으니 필요한 제품을 선택하면 됩니다.

장수풍뎅이를 오래오래 잘 키우려면

장수풍뎅이는 사슴벌레보다 키우기 쉬우며, 초보자도 기본 지식만 있으면 쉽게 알을 받을 수 있습니다. 뿐만 아니라, 곤충 전문점이나 친구들로부터 애벌레나 어른벌레를 쉽게 입양할 수도 있지요.

> **준비물** 높이 20cm 이상의 사육 케이스, 발효 톱밥 또는 부엽토, 곤충 젤리, 놀이 나무, 먹이 접시, 낙엽, 보습 방충 시트 등

● 설치 방법과 순서

장수풍뎅이는 사슴벌레보다 성숙하는 시간과 수명이 짧기 때문에 어른벌레를 구입했다면 바로 산란을 위해 보금자리를 꾸며 주는 것이 좋습니다. 그럼 어떻게 보금자리를 만드는지 알아볼까요?

첫째, 사육 케이스에 최소 10cm 이상 발효 톱밥을 채웁니다.

둘째, 놀이 나무와 먹이 접시를 잘 배치하여 장수풍뎅이가 뒤집혀도 잡고 일어날 수 있도록 해 줍니다.

사육 케이스 설치 순서

1. 발효 톱밥 채우기

2. 놀이 나무와 먹이 접시 배치하기

3. 곤충 젤리 넣어 주기

셋째, 곤충 젤리 같은 먹이를 주고 장수풍뎅이 한 쌍을 넣은 뒤, 25도 내외로 온도를 유지하면서 사육합니다.

● **짝짓기와 산란하는 방법**

사육 케이스의 온도는 앞서 말한 것처럼 늘 25도 내외를 유지해야 해요. 여름철에 30도 넘게 올라갈 경우, 사육 케이스의 내부 온도가 사우나실처럼 높아져서 장수풍뎅이가 질식해서 죽을 수도 있으니 주의해야 합니다.

장수풍뎅이는 수명이 짧기 때문에 짝짓기를 하려는 욕구도 사슴벌레보다 훨씬 강합니다. 손에 올려놓고도 쉽게 짝짓기를 시킬 수 있으며, 사육 케이스에 암수를 같이 넣어 두면 쉽게 짝짓기 하는 모습을 볼 수 있습니다.

짝짓기를 끝낸 암컷은 매트 속으로 들어가 나오지 않고, 매트의 아랫부분을 단단하게 다져 가면서 산란을 하기 시작합니다. 그리고 다시 나와 한참 먹이를 먹고 다시 매트 속으로 들어가기를 반복합니다.

산란을 하는 도중에 매트를 파 보면 암컷이 스트레스를 받아 산란을 멈출 수도 있으니 주의해야 합니다.

사육 케이스 안에서 곤충 젤리를 먹는 장수풍뎅이

수컷과 암컷의 짝짓기 하는 모습

낮에는 매트 속에서 쉬는 장수풍뎅이 암컷

● **장수풍뎅이 키우기**

장수풍뎅이를 키우기 시작한 지 한두 달이 지나면 어른벌레로서 활동을 모두 마치고 죽게 됩니다. 산란을 했는지 알아보기 위해 매트를 살살 파 보면 딱딱하게 다져진 부분에서 알이나 작은 1령 애벌레들을 발견할 것입니다. 장수풍뎅이 2세를 보는 데 성공한 것이지요.

그럼 장수풍뎅이가 자라나는 과정과 유의 사항을 알아보도록 해요.

첫째, 사슴벌레와 달리, 장수풍뎅이 애벌레는 순해서 서로 물어뜯는 일이 거의 없으므로 관찰하기 위해서가 아니라면 따로 키울 필요가 없어요. 1~2령 때까지는 애벌레가 먹는 톱밥의 양이 많지 않으므로 알을 낳았던 매트 속에서 키우는 것이 가장 좋습니다.

둘째, 애벌레의 수가 많거나 2~3령으로 모두 성장했으면 사육 케이스 안의 밀도를 낮추기 위해 다른 사육 케이스로 옮겨 주세요. 매트는 사육 케이스 위, 적어도 10cm 이상 꽉 채워야 합니다.

장수풍뎅이가 자라는 과정

갓 부화한 장수풍뎅이 1령 애벌레와 알

알, 1령, 2령 애벌레의 비교

번데기가 되려는 3령 애벌레(전용)

셋째, 장수풍뎅이 애벌레는 식욕이 매우 강해서 자기 몸의 수 배나 되는 먹이를 먹어 치웁니다. 3령 애벌레가 되어 먹이를 먹기 시작하면 매트의 톱밥이 가라앉고 수박씨 모양의 배설물을 쌓아 놓습니다. 장수풍뎅이 애벌레에게 넣어 준 매트가 많이 가라앉았다면 윗부분의 배설물을 걷어 내고 매트를 꽉 채워 주세요. 이런 식으로 매트를 꾸준히 관리해 줍니다.

넷째, 몸 색깔이 많이 노랗게 되면 번데기가 될 시간이 가까워졌다는 뜻입니다. 실내에서 키우면 야외에서 키울 때보다 일찍 어른벌레가 되지요. 일반 가정에서 여름에 산란을 했다면, 봄이나 초여름쯤에 어른벌레가 될 것입니다. 번데기방을 지었을 때에는 너무 흔들지 말아야 합니다. 만약 번데기방이 부서졌을 땐 인공 번데기방을 만들어 주면 큰 문제없이 우화시킬 수 있어요.

다섯째, 애벌레가 정상적으로 어른벌레가 되었다면, 이제 장수풍뎅이 한살이를 모두 관찰하고 키워 내는 데 성공한 것입니다!

하지만 마지막으로 주의할 점이 하나 있어요. 장수풍뎅이는 사슴벌레와 달리, 근친 교배를 하면 기형이나 날개가 제대로 안 달린 어른벌레가 많이 나오므로 같은 부모에서 나온 어른벌레끼리 다시 짝짓기를 시켜 사육하는 것은 좋지 않습니다.

장수풍뎅이 수컷 번데기

장수풍뎅이 어른벌레

아기자기한 재미가 있는
사슴벌레 키우기

사슴벌레는 장수풍뎅이보다 수명이 길고 종류가 다양해서 키우는 게 매우 재미있어요. 쉽게 구할 수 있는 사슴벌레를 먼저 키워 보고, 구하기 어려운 사슴벌레들은 차근차근 키워 보는 것이 좋습니다. 그럼 대표적인 사슴벌레인 왕사슴벌레의 사육 방법에 대해 알려 줄게요.

사슴벌레의 한살이

참나무 수액에 모인 사슴벌레들

초여름인 5월 중순이 되면 상수리나무나 졸참나무의 수액에 모여드는 사슴벌레를 발견할 수 있습니다. 참나무 수액은 사슴벌레의 영양 창고 역할을 합니다.

이곳에서 만난 수컷과 암컷은 짝짓기를 하고, 짝짓기를 끝낸 암컷은 산란할 곳을 찾아 비행하게 되지요. 수컷 사슴벌레는 암컷이 먹이를 정신없이 먹고 있을 때 뒤에서 다가와 더듬이로 암컷의 등 쪽을 자극하고 짝짓기를 시도합니다. 암컷은 수컷과 여러 번 짝짓기를 하고, 짝짓기를 끝낸 암컷은 산란하기에 좋은 썩은 참나무를 찾아 이리저리 돌아다닙니다. 썩은 참나무를 발견하면 큰턱으로 나무를 갉고 알을 낳기 위한 작은 공간을 만든 뒤, 알을 낳고 톱밥으로 다시 덮는 일을 반복합니다.

그림으로 보는 사슴벌레의 일생 (약 1~2년 주기)

산란한 후의 알

부화하기 전 알

❹ 어른벌레
어른벌레가 된 후 약 한 달, 또는 몇 달 동안 번데기방에서 성숙하는 기간이 필요하다.
늦여름과 초가을에 우화한 어른벌레는 겨울에 휴면하고, 다음 해 초여름에 활동을 개시한다. 짝짓기와 산란을 마친 어른벌레는 휴면을 하고 다음 해에 활동하기도 하지만 보통 그 해에 생을 마감한다.

❶ 알~부화
산란한 후의 알은 약 2mm 정도이고, 수분을 빨아들이면서 점점 알이 커진다.
약 2주 내외의 기간이 지나면 1령 애벌레가 부화한다.

짝짓기 하는 암수 사슴벌레

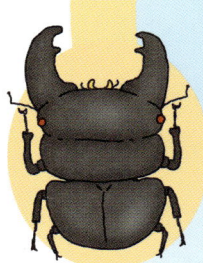
어른벌레

❸ 전용~번데기
번데기가 되기 전에 3령 애벌레는 몸이 쭈글쭈글해지고 방을 만든 뒤에는 더 이상 움직이지 못한다. 이것을 '전용 상태'라고 한다. 번데기방은 장수풍뎅이와 달리 가로로 만들고, 2주 내외의 전용 기간이 지나면 번데기로 탈바꿈한다. 다시 2주가 지나면 허물을 벗고 어른벌레로 날개돋이를 한다.

❷ 1령~3령 애벌레
썩은 나무를 먹으며, 허물을 벗고 1령 → 2령 → 3령 애벌레로 커진다. 1~2령 애벌레의 기간은 약 1~2개월이고, 번데기가 되기 전까지 3령 애벌레로 지낸다.
애벌레 상태에서 동면을 할 때는 애벌레 기간이 1년을 넘기도 한다.

갓 부화한 1령 애벌레

2령 애벌레

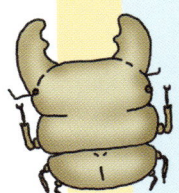
날개돋이가 끝난 어른벌레

3령 애벌레

번데기

전용 상태의 애벌레

사슴벌레를 오래오래 잘 키우려면

사슴벌레는 장수풍뎅이와는 달리, 우화한 뒤 오랫동안 먹이를 먹지 않고 휴식 기간을 갖기 때문에 암수를 따로 사육해야 할 수도 있습니다. 만약 수컷은 먹이를 먹고 짝짓기를 원하는데 암컷이 받아들이지 않는다면, 수컷은 화가 나서 암컷을 죽일 수도 있으니 주의해서 사육해야 해요.

그럼 사람들이 가장 많이 좋아하는 왕사슴벌레 키우는 방법을 차례차례 알아볼까요?

● **1단계 어른벌레 짝짓기 하기**

사슴벌레는 수명이 길고, 우화한 뒤에도 거의 몇 달씩 먹이를 먹지 않고 휴식을 취합니다. 이럴 경우 따로 사육을 해야 하는데 작은 사육 케이스를 이용해서 한 마리씩 먹이를 주고, 먹이를 먹는지 자주 확인하면 됩니다. 새로 우화한 개체가 먹이를 먹는지, 왕성하게 활동하는지 확인해야 성숙한지 그렇지 않은지를 파악할 수 있으니까요. 이렇게 사육을 하면서 관찰하는 것은 산란하기 전에 거쳐야 할 중요한 단계입니다. 산란나무를 설치하지 않고 작은 사육 케이스에서 사육하는 경우는 다음과 같아요.

첫째, 갓 우화한 어른벌레가 성숙하기를 기다릴 때와 짝짓기 전에 따로 사육을 원하는 경우.

둘째, 짝짓기를 시킬 때, 짝짓기의 확률을 높이거나 관찰하기를 원하는 경우.

일반적으로 어른벌레를 따로 사육하는 방법은 의외로 매우 간단합니다. 이 방법은 왕사슴벌레뿐 아니라, 다른 사슴벌레에게도 사용됩니다. 앞에서 설명한 것처럼 사육하는 데 필요한 용품을 갖추었다면 이제 설치해 보세요.

> **준비물** 사육 케이스, 사슴벌레용 매트(참나무 발효 톱밥), 보습 방충 시트, 놀이 나무, 먹이 접시, 곤충 젤리

| 설치 방법과 순서 |

* 사육 케이스에 매트용 톱밥을 3~4cm 정도 깔아 줍니다. 수분이 부족하면 분무기로 촉촉하게 뿌려 줍니다.

* 그 위에 곤충 젤리를 꽂은 먹이 접시를 놓고 놀이 나무를 넣어 곤충이 뒤집혀도 잡고 일어날 수 있도록 해 줍니다.

* 다른 잡충이 들어가지 못하도록 방충망을 덮습니다. 이 비닐 방충망은 매트의 수분을 유지하는 데에도 도움이 됩니다.

* 사슴벌레가 살기에 딱 알맞도록 빛이 잘 들지 않는 곳에 두고, 새로 우화한 어른벌레가 먹이를 먹는지 자주 확인합니다. 곤충 젤리를 다 먹으면 바꿔 주면 됩니다.

| 사육할 때 주의할 점 |

* 수컷과 암컷을 짝짓기 하기 위해 같이 키울 경우, 왕사슴벌레처럼 비교적 온순한 종은 괜찮지만 난폭한 종의 경우에는 좁은 공간에서 암컷이 도망가기가 어려워 다치거나 죽는 일이 종종 있습니다. 이럴 때에는 당분간 따로 사육하거나 다른 암컷으로 바꾸어 주는 것이 좋습니다.

* 여름철에 기온이 많이 올라갈 경우에는 사육 케이스의 온도가 매우 높아져 사슴벌레가 질식할 수도 있으니 30도 이하로 유지해 주는 게 좋습니다.

* 사육 케이스는 직사광선이 들지 않는 곳에 둬야 합니다. 실외나 외부에서 이동하는 중에 강한 햇볕을 받게 되면 금방 질식하여 죽게 되니 주의해야 합니다.

* 사슴벌레도 곤충이기 때문에 살충제를 뿌리면 죽거나 마비될 수 있습니다. 따라서 여름철에 사육 케이스 주변에 살충제를 뿌리거나 모기향을 피우는 일이 없도록 합니다.

사육 케이스 설치 순서

1. 놀이 나무와 먹이 접시 넣기

2. 곤충 젤리 넣기

3. 사슴벌레 한 쌍(두 마리) 넣기

4. 방충망 씌우기

5. 완성된 모습

● **2단계 사슴벌레의 알 받아 보기**

　일반적으로 사슴벌레에게 두루 쓰이는 방법을 알려 주겠습니다. 다른 몇 종에 관한 특별한 산란 방법은 다시 알려 주도록 할게요. 만약 처음 키우는 초보자라면 '과연 사슴벌레의 알을 잘 받을 수 있을까?' 하고 걱정할 겁니다. 하지만 걱정할 필요 없어요. 여기에서 설명하는 대로 쭉 따라하기만 하면 어렵지 않게 알을 받을 수 있으니까요. 실패한다고 해도 다시 차례차례 점검해서 시도해 본다면 꼭 성공할 거예요.

> **준비물** 특대 이상의 사육 케이스, 사슴벌레용 매트(발효 톱밥), 산란나무, 보습 방충 시트, 놀이 나무, 먹이 접시, 곤충 젤리 등

| 설치 방법과 순서 |

　* 우선 산란나무를 물에 반나절에서 하루 정도 담급니다(산란나무에 수분을 먹인다고 생각하면 됩니다). 수분이 너무 많을 경우, 신문지 위에 산란나무를 놓고 하루 정도 말려 수분을 뺍니다. 수분이 촉촉이 든 상태가 되면 적당합니다.

　* 산란나무의 껍질을 칼로 벗겨 냅니다. 물에 불어서 쉽게 벗겨집니다. 나무의 몸통만 남도록 완전히 벗겨 주세요. 나무껍질을 벗기지 않아도 암컷이 산란하는 데에는 지장이 없으나, 암컷이 껍질을 파내는 수고를 덜어 주게 되어 쉽게 산란할 수 있습니다.

　* 사육 케이스 바닥에 매트를 3cm 정도 깔고 손으로 꾹꾹 눌러 줍니다. 단, 뒤집혀도 톱밥이 떨어지지 않을 정도로 합니다.

　* 매트 위에 산란나무를 올려놓고 산란나무가 거의 보이지 않을 정도로 매트를 채워 줍니다. 이 부분의 매트는 다져 줄 필요가 없습니다.

* 먹이 접시와 놀이 나무를 잘 배치해 주고 암컷과 수컷을 넣어 줍니다. 암컷과 수컷이 충분히 짝짓기를 했다면 암컷만 넣어 주어도 좋습니다. 수컷이 암컷을 공격하거나 귀찮게 하는 일을 막을 수 있기 때문이지요.

| 산란할 때 주의할 점 |

* 앞에서 설명한 사육 방법의 주의 사항을 잊지 말고, 온도를 25도 내외로 계속 유지해 주어야 알을 받을 수 있습니다. 알맞은 온도만 유지시켜 준다면 겨울뿐만 아니라, 언제든지 산란할 수 있습니다.

* 우화하고 얼마 되지 않은 개체는 덜 성숙되었기 때문에 산란을 하지 않으니, 먹이를 잘 먹는 성숙한 개체를 넣어 줘야 해요.

산란 케이스 설치 순서

1 산란나무를 물에 담그기

2 산란나무의 껍질 벗기기

3 사육 케이스에 매트 넣기

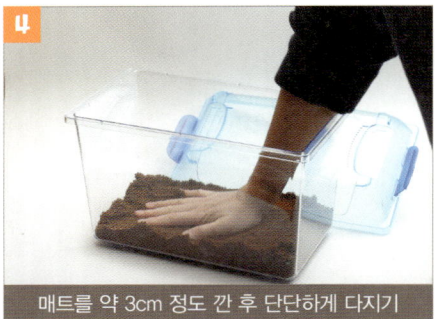
4 매트를 약 3cm 정도 깐 후 단단하게 다지기

5 산란나무를 다져진 매트 위에 놓기

* 매트가 건조하지 않도록 수분을 유지해 주는 것이 가장 중요합니다. 수분이 날아가 매트가 건조하게 되고 산란나무가 마르면 알을 못 낳습니다. 초보자들이 가장 많이 실수하는 일이지요.

* 알을 많이 받기 위해서는 암컷에게 단백질과 영양분을 충분히 공급해 주어야 합니다. 자연 상태에서 암컷은 발효된 수액의 효모균을 먹거나, 다른 곤충을 공격해서 산란에 필요한 단백질을 보충하지요. 그러므로 사육할 때 암컷에게 충분한 단백질을 주지 않으면 가끔 수컷을 덮쳐 체액을 먹거나, 자신의 애벌레를 잡아먹기도 합니다.

이런 일을 막기 위해 단백질이 들어 있는 기능성 곤충 젤리를 공급해 주고, 파충류 등의 먹이로 판매하는 밀웜 등을 넣어 주는 것을 권합니다.

빈 공간을 매트로 채우기

놀이 나무와 먹이 접시를 배치하기

낙엽 매트를 깔기

성숙한 사슴벌레 한 쌍을 넣기

완성된 모습

- **3단계 산란나무에서 애벌레 채취하기**

> **준비물** 산란나무를 해체하는 데 필요한 도구들, 발효 톱밥, 푸딩 컵 등

| 애벌레를 채취하는 방법 |

산란을 위한 설치를 한 지 약 한 달이 지나면 산란나무에 흔적이 있는지 확인합니다. 산란나무가 여기저기 파이고 구멍이 나 있으면 산란한 것이지요. 흔적을 발견한 뒤, 한두 달이 지나면 산란나무를 꺼내 보세요.

산란나무에서 애벌레를 채취할 때 조심하지 않으면 애벌레가 다칠 수도 있으니 조심스럽게 애벌레를 찾아 나갑니다.

알이 나왔을 때엔 푸딩 컵에 촉촉한 발효 톱밥을 넣고 그 위에 알을 올

애벌레 채취 순서

1. 산란한 흔적이 있는 산란나무 준비

2. 일자 드라이버로 조금씩 부수기

3. 애벌레가 죽지 않게 조심히 파내기

4. 산란나무에 애벌레가 들어 있는 모습

리면 자연적으로 부화가 됩니다. 대형 사슴벌레를 사육하려면 1령 애벌레 때 꺼내서 각각 원하는 애벌레 사육 방법으로 키우는 것이 좋습니다.

자, 이제 본격적으로 애벌레를 사육해 봅시다!

● 4단계 애벌레 키우기

애벌레를 사육하는 방법에는 발효 톱밥 사육법, 균사 사육법, 산란나무 사육법, 이렇게 세 가지가 있습니다. 애벌레 사육은 대형 개체를 키워 내는 데 가장 중요한 시기이므로 방법을 잘 선택해야 합니다. 그럼, 세 가지 사육 방법에 대해 자세히 알아볼까요?

| 가장 일반적인 발효 톱밥 사육법 |

발효 톱밥 사육법은 자연 상태에서 애벌레가 썩은 참나무를 먹고 자라는 것을 보고 창안한 사육 방법입니다. 균사 사육법보다 애벌레를 안전하게 키울 수 있으며, 비용이 저렴한 것이 장점이지요. 질 좋은 발효 톱밥을 사용하면 균사 사육법에 맞설 만한 어른벌레를 키워 낼 수 있습니다.

발효 톱밥은 여러 곤충 전문점에서 제작하여 판매하므로 자신이 쓰기에 적합한 것을 구입하는 것이 좋습니다. 입자가 곱고 발효가 잘된 것을 구입해야 하고, 시간이 된다면 직접 첨가제를 넣어 발효 톱밥을 만들어 보는 것도 좋은 경험이 될 거예요.

> **준비물** 애벌레 사육병, 사슴벌레 애벌레용 발효 톱밥

| 사육 방법 |

＊발효 톱밥의 수분을 체크합니다. 애벌레도 생물이기 때문에 수분 없이는 살 수 없습니다. 적당한 양의 수분이 반드시 필요해요. 발효 톱밥을 손

으로 뭉쳤을 때 흐트러지지 않고, 물이 흐르지 않는 정도가 적당합니다.

　＊ 수분이 적당한 발효 톱밥을 사육병에 꽉꽉 눌러서 채웁니다. 톱밥을 다져 줄 수 있는 도구를 이용하면 더욱 좋아요.

　＊ 톱밥 위에 작은 구멍을 낸 뒤, 애벌레를 넣으면 애벌레가 톱밥 속으로 들어갑니다. 850~1,000cc에서 사육할 때 암컷은 1~2병 정도, 수컷은 2~3병 정도를 새 톱밥으로 갈아 주면 됩니다. 단, 수컷의 경우 약 3개월을 주기로 교체해 줍니다. 한꺼번에 톱밥을 전부 갈아 주면 톱밥에 애벌레의 소화를 도와주는 균이 없어져 애벌레가 거식증에 걸리거나 적응하지 못할 수도 있습니다. 따라서 최대한 3분의 2 정도만 새로 교체하고 3분의 1은 원래 먹던 톱밥과 섞어 주는 게 좋아요.

　＊ 애벌레를 키우는 장소로는 되도록 빛이 들지 않고 진동이 없는 곳을

발효 톱밥을 이용한 애벌레 사육법

톱밥이 뭉친 정도의 수분량 확인

병에 톱밥을 채우고 다지기

애벌레 넣기

톱밥 속으로 들어가는 애벌레

잘 자라고 있는 애벌레의 모습

택합니다. 온도가 높으면 일찍 우화하는 장점이 있지만, 큰 개체를 얻기는 어렵지요. 또한 너무 더운 곳에 놓으면 발효 톱밥이 다시 발효되어 가스가 생기거나 다른 균이 침투해 애벌레가 죽을 수도 있으니 주의하세요.

| 대형 개체를 얻을 수 있는 균사 사육법 |

우리나라에서는 아직까지 발효 톱밥으로 사슴벌레 애벌레를 많이 키우고 있으나, 반려 곤충 사육이 대중화된 일본에서는 균사 사육법이 일반화되어 있고 가장 높은 효과를 보입니다. 이 방법은 왕사슴벌레뿐 아니라, 다른 사슴벌레도 종류별로 균사병이 제작되어 판매됩니다.

우리나라에서도 자체 개발된 균사병과 일본에서 수입한 균사병을 판매합니다. 박력 있는 개체를 얻기 위해 균사 사육법에 한번 도전해 보세요.

> **준비물** 사슴벌레 애벌레 전용 균사병, 스푼, 소독용 에탄올 등

| 사육 방법 |

균사병은 보통 참나무 톱밥에 영양 첨가제를 넣은 배지에 느타리균 등을 배양하여 만듭니다. 애벌레가 배지와 가는 균사를 먹음으로써 좋은 영양분을 얻고 대형 개체로 자랄 수 있지요.

암컷의 경우는 850cc 균사병에서 어른벌레로 우화할 수 있지만, 대형 수컷의 경우에는 850cc 또는 1,500cc 정도의 균사병이 여러 개 필요합니다. 균사병을 사용한 사육 방법은 다음과 같습니다.

* 산란나무에서 채취한 1~2령 애벌레를 푸딩 균사 또는 850cc 균사병에 스푼으로 구멍을 파서 키웁니다.

* 암수 구별을 할 수 있을 때까지 120cc 정도의 용량이 작은 푸딩 균사를 이용하여 키우면, 애벌레의 성장 정도와 성별에 따라 다음 균사병

으로 옮겨 줄 수 있으므로 이 방법을 추천합니다.

* 대부분의 푸딩 균사에 먹은 흔적이 있으면, 850cc 균사병으로 애벌레를 옮겨 본격적으로 균사 사육을 합니다.

* 균사병의 약 3분의 2가 먹은 흔적으로 채워진다면, 또 다른 균사병으로 옮겨 줍니다. 3령 애벌레의 경우 약 3개월을 주기로 교체해 주고, 대형 수컷 애벌레는 850cc보다 1,500cc 정도로 옮겨 주는 것이 좋아요. 왕사슴벌레의 경우 암컷은 850cc 균사병 1~2병 정도에서, 수컷은 2~3병 정도에서 어른벌레로 키워 낼 수 있습니다.

| 균사 사육할 때 주의할 점 |

* 균사병을 교체할 때, 애벌레를 꺼내다 다치게 하거나 화를 돋우면 자

균사를 이용한 애벌레 사육법

1. 잘 퍼진 균사 상태

2. 스푼으로 윗부분의 균사 덜기

3. 윗부분의 균사가 제거된 모습

4. 2령 애벌레 넣기

5. 균사 속으로 들어가는 애벌레

기도 모르게 큰턱으로 자기 몸을 물어 버리는 경우가 있으니 주의해야 해요.

* 신경 써서 온도를 관리해야 합니다. 알맞은 온도는 18~25도 사이가 좋으며, 특히 더운 여름철에는 온도에 더욱 유의하세요. 또한 버섯이 자라날 경우, 뜯어 주는 것이 균사병의 영양분이 소모되는 것을 막을 수 있습니다.

교체 시기가 늦은 균사병

* 균사도 살아 있는 생물체이므로 빛이나 진동 같은 자극을 피하도록 합니다.

* 쉽게 오염되기 쉬우므로 스푼을 사용하기 전에 열이나 알코올로 소독하여 균사가 오염되는 일을 미리 막고, 뚜껑을 오랫동안 열어 두어 다른 잡균이 들어가는 것도 막아야 해요.

버섯이 피고 오염된 균사병

* 균사병 안에 노란 물이 차거나 균사가 다른 균에 오염되면 빨리 새로운 균사병으로 옮겨 주는 게 좋습니다.

| 균사 사육의 단점 |

* 애벌레의 가장 초기 단계 때 균사병 안에 넣을수록 효과가 있으나, 발효 톱밥에서 사육할 때보다 애벌레가 죽을 확률도 그만큼 높아집니다.

교체 시기가 적절한 균사병

왜냐하면 애벌레가 너무 작을 때엔 균사의 활력보다 힘이 떨어져 균사에 쌓여 죽을 수도 있기 때문이지요.

* 반드시 대형 개체의 사슴벌레를 얻을 수 있는 것도 아닙니다. 부모 개체의 우수한 유전 형질과 균사 교체의 적절한 시기, 적정한 온도, 이

모든 것이 다 맞아야 대형 개체를 얻을 수 있습니다.

  * 발효 톱밥보다 비쌉니다. 하지만 널리 보급된다면 지금보다 저렴한 가격으로 판매될 수도 있을 거예요.

| 야생과 똑같은 산란나무 사육법 |

균사 사육법이 만들어지기 전에는 이 방법으로 대형 개체를 키웠으나, 요즘에는 거의 사용하지 않습니다. 사슴벌레가 알을 낳을 때처럼 산란나무를 물에 적셔 나무에 구멍을 뚫고 애벌레를 그 안에 넣는 방법으로, 애벌레가 야생에서 자라는 환경과 같게 해 줍니다. 하지만 일반적으로 판매되는 산란나무로는 큰 효과를 볼 수 없으며, 왕사슴벌레의 경우 기존의 산란나무보다 덜 썩은 것을 써야 효과가 있습니다. 또한 발효 톱밥 사육법이나 균사 사육법보다 시간이 오래 걸리고 애벌레가 어떻게 자라는지 볼 수 없다는 게 단점이지요.

균사병을 이용해 키워낸 70mm가 넘는 왕사슴벌레 수컷

● 5단계 번데기와 새로 우화한 어른벌레 관리하기

3령 애벌레가 충분히 자라면 번데기방을 만들고 번데기가 됩니다. 이때부터는 사육병을 흔들거나 충격을 주는 일이 없어야 합니다. 약 1년에 걸친 결실을 한순간에 망칠 수도 있으니까요.

번데기방에 이물질이 생기거나 물이 찼을 때 또는 관찰하려고 할 때, 번데기를 꺼내어 인공 번데기방을 만들고 그 안에서 우화시킬 수 있습니다. 인공 번데기방은 곤충 전문점에서 판매하는 것을 구입하거나 꽃 가게에서 파는 오아시스를 구입해 번데기방 모양으로 파내서 사용하면 저렴합니다.

인공 번데기방 안에 있는 전용 애벌레의 모습

우화한 어른벌레는 몸을 말리는 휴식 시간이 필요하므로 우화한 지 얼마 안 된 어른벌레를 번데기방에서 미리 꺼내는 것은 좋지 않지요. 2주

인공 번데기방에서 우화한 왕넓적사슴벌레

가 지나면 몸이 어느 정도 굳기 때문에 꺼내도 괜찮지만 자꾸 만져서 스트레스를 주지 말아야 합니다.

새로 우화한 어른벌레를 꺼내 크기를 잴 때에는 일반 자보다는 버니어 캘리퍼스(길이를 재는 공구 가운데 하나)로 재는 것이 정확합니다.

주의할 점은 암수 또는 크기에 따라 다르지만, 새로 우화한 어른벌레는 잘 활동하지 않을 뿐만 아니라 2~3개월을 먹지 않고도 지내므로 사육 케이스 안에서 활동하기를 기다리는 수밖에 없습니다. 하지만 약 2주가 지나면 곤충 젤리를 넣어 주는 것이 좋습니다. 그래야 언제 활동할지 모르는 사슴벌레를 굶기지 않을 수 있기 때문이지요.

3장
채집과 표본하는 방법을 알아보자!

채집을 하기 위해서는 곤충들이 살고 있는 장소와 활동 영역을 알아야 해요. 또한 애벌레와 어른벌레를 채집하는 방법과 계절마다 채집하는 방법이 모두 다릅니다. 채집을 다했으면 곤충에 대해 좀 더 연구해 보기 위해 표본하는 방법도 배워 두세요.

사슴벌레와 장수풍뎅이를 직접 채집해 보자!

사슴벌레와 장수풍뎅이를 좋아하는 사람이라면 한 번쯤은 채집하고 싶은 욕심이 있을 거예요. 야외에서 직접 채집해서 사육한다면, 곤충 전문점에서 구입해서 키웠을 때와는 또 다른 기쁨을 느낄 수 있지요. 채집은 '경험'이 중요합니다. 다음 방법에 따라 여러 번 채집을 해 보면, 여러분도 능숙한 곤충 채집가가 될 수 있어요. 자, 그럼 준비되었나요?

채집 용품과 주의할 점

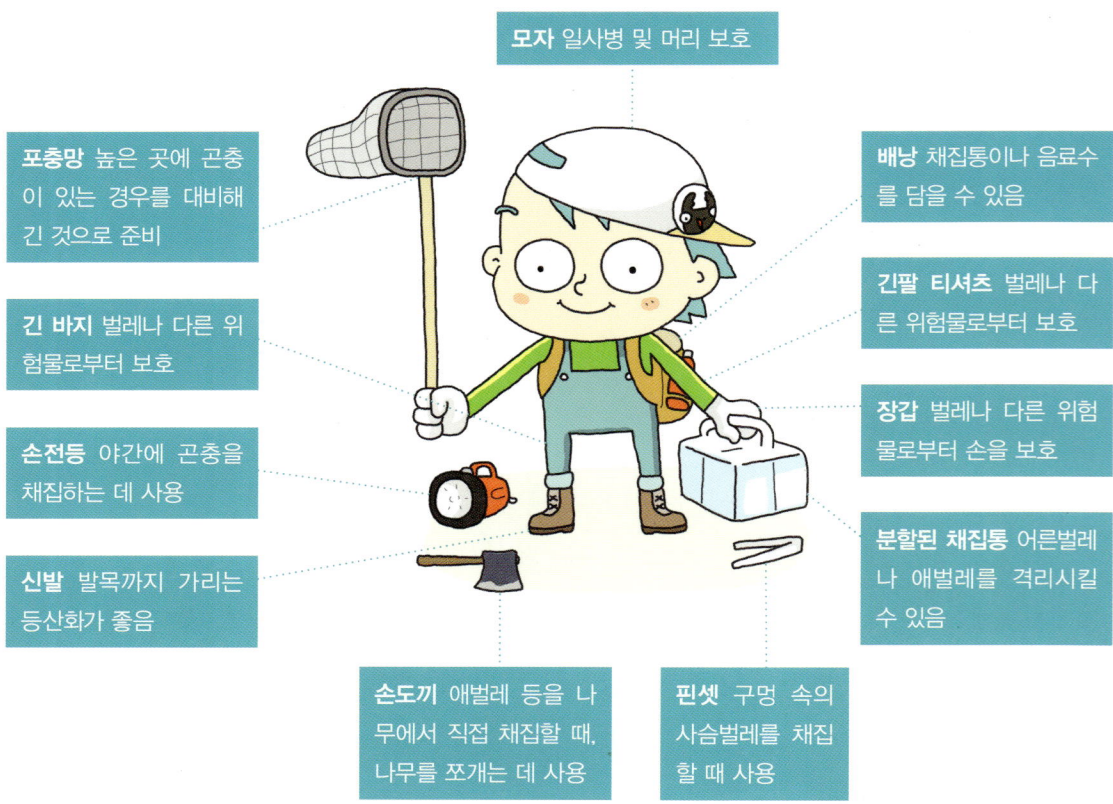

모자 일사병 및 머리 보호

포충망 높은 곳에 곤충이 있는 경우를 대비해 긴 것으로 준비

배낭 채집통이나 음료수를 담을 수 있음

긴 바지 벌레나 다른 위험물로부터 보호

긴팔 티셔츠 벌레나 다른 위험물로부터 보호

손전등 야간에 곤충을 채집하는 데 사용

장갑 벌레나 다른 위험물로부터 손을 보호

신발 발목까지 가리는 등산화가 좋음

분할된 채집통 어른벌레나 애벌레를 격리시킬 수 있음

손도끼 애벌레 등을 나무에서 직접 채집할 때, 나무를 쪼개는 데 사용

핀셋 구멍 속의 사슴벌레를 채집할 때 사용

채집 준비를 완벽하게 했다면, 이제는 채집할 때 생길 수 있는 여러 가지 위험을 막거나 피해야 합니다. 위험한 곳일수록 친구나 부모님과 함께 가도록 하세요.

　* 독초나 독풀 등을 조심하며, 될 수 있으면 온몸을 가릴 수 있는 긴 옷을 입는 것이 좋아요.
　* 참나무 수액 주변에는 말벌이 있을 수도 있으므로 조심해야 합니다.
　* 채집하기 전에 뱀이나 다른 동물들이 있지 않은지 주변을 살피는 것이 좋아요.
　* 산속에서 길을 잃거나 위험한 상황에 대비하여 지도나 휴대폰 등을 꼭 가지고 다닙니다.
　* 개인 소유의 땅이나 채집이 금지된 곳에서는 채집을 하지 않습니다.
　* 채집에 사용된 도구나 쓰레기 등을 아무 데나 버리지 않고 꼭 정리합니다.

사슴벌레와 장수풍뎅이가 좋아하는 참나무 숲

야생의 톱사슴벌레 수컷들

어디에 살고 있을까?

　사슴벌레와 장수풍뎅이를 채집하려면 먼저 이 곤충들이 어디에 살고 있는지 알아야 합니다. 전에는 주로 참나무가 많은 잡목림 주변에서 살았지만, 요즘엔 참나무 숲이 점점 사라져 이 곤충들을 만나기가 쉽지 않지요. 하지만 요즘도 사람들 손이 닿지 않는 작은 야산에서는 쉽게 만나 볼 수 있습니다.

　장수풍뎅이는 우리나라 전역에 분포하고 있었으나, 지금은 남부 지방에서만 채집할 수 있습니다. 어른벌레는 7~8월에 시큼한 수액이 흐르는 참나무 숲에서 볼 수 있고, 애벌레는 활엽수의 부엽토나 농가 주변에 쌓인 퇴비에서 볼 수 있어요.

　사슴벌레는 종별로 저지대에서 고지대까지 다양한 서식지를 갖고 있지만, 대부분 참나무가 많은 잡목림에서 서식합니다. 애벌레는 썩은 활엽수를 먹고 자랍니다. 나무의 종류, 나무의 썩은 정도나 습도, 위치에 따라 좋아하는 정도가 다르므로 하나하나 알아보도록 할게요.

참나무 숲의 장수풍뎅이

사슴벌레와 장수풍뎅이가 사는
참나무 고목

실수를 막는 채집의 3대 기초 지식

전쟁에서 이기려면 적을 알아야 하듯이, 사슴벌레와 장수풍뎅이의 생태를 알지 못하면 곤충들을 채집할 수 없어요. 초보자들은 소나무 숲에 가서 곤충들이 꼭 있을 거라 생각하고 건드리는데, 곤충을 발견하지 못하면 채집을 쉽게 포기하고 맙니다. 하지만 다음의 세 가지 사항만 기억한다면, 그런 초보적인 실수는 하지 않을 거예요.

첫째, 어른벌레의 활동 시기를 알아 둔다!

어른벌레가 활동하는 시기는 언제일까요? 여름이에요. 하지만 종별로 차이가 약간씩 있기 때문에 정확히 언제인지는 알기 힘듭니다. 겨울잠을 자거나 일찍 우화한 왕사슴벌레는 남부 지방에서 5월 중순부터 활동합니다. 넓적사슴벌레가 가장 활발하게 활동하는 시기는 장마가 오기 전 여름과, 장마가 끝난 후의 한여름입니다. 장수풍뎅이의 경우에는 7월 중순부터 8월 중순까지가 가장 활발하게 활동하는 시기입니다. 이 시기를 놓치지 않는 것이 중요해요.

수액이 흐르는 참나무에서 짝짓기 하고 있는 넓적사슴벌레

둘째, 하루 중 가장 활발히 움직이는 때를 알아 둔다!

사슴벌레와 장수풍뎅이가 언제 활동하는지 모르고 대낮에 무조건 참나무 숲에 들어가 사슴벌레를 잡으려 하면 모기의 공격에 살아남기 힘들 거예요.

대부분의 사슴벌레와 장수풍뎅이들

은 낮에 숨어서 쉬다가 밤에 활동하는 야행성 곤충이기 때문이지요. 보통 참나무 숲이나 산속은 다른 곳보다 일찍 해가 지므로 오후 6시부터 오전 3~4시까지가 그들만의 시간입니다. 물론 예외적으로 주행성인 사슴벌레도 있으며, 야행성이지만 낮에 수액을 먹는 사슴벌레를 간혹 볼 수도 있습니다.

나무 위에서 만난 장수풍뎅이 수컷들

셋째, 어디에 사는지 알아 둔다!

사슴벌레와 장수풍뎅이는 참나무가 많이 있는 활엽수림 또는 시골 마을에 있는 참나무 동산을 좋아합니다. 대부분의 장수풍뎅이와 사슴벌레는 참나무 수액을 먹고 썩은 참나무에 산란을 하기 때문에 당연히 참나무 숲에 가야 사슴벌레를 잡을 수 있습니다. 하지만 참나무에서만 사슴벌레가 사는 게 아니라는 사실도 알아 두세요.

사슴벌레와 장수풍뎅이의 서식지인 참나무 숲

어른벌레 채집하기

자, 드디어 본격적으로 채집을 할 때입니다. 사슴벌레와 장수풍뎅이의 습성을 이해하면 여러 방법으로 채집해 볼 수 있어요. 채집할 때는 너무 욕심을 부려 자신이 관리하지 못할 정도로 많이 채집하지 않도록 합니다. 그리고 채집한 후에는 채집에 사용했던 유인물 등을 꼭 챙겨서 정리하고 채집한 곳을 깨끗이 치웁시다. 이것은 채집가의 기본 매너겠지요? 자, 이제 채집 방법들에 대해 자세히 알아보도록 해요.

● 두근두근! 참나무 숲 탐험과 채집

가장 원초적이지만, 가장 재미있는 채집법입니다. 실제 곤충들이 살고 있는 환경에서 직접 채집할 수 있어서 사는 모습이나 생태를 알 수 있어요. 곤충들의 습성을 알고 친해질 수 있는 기회이지요. 컴컴한 숲속에서 손전등을 비추었을 때 수액에 다닥다닥 모여 있는 사슴벌레와 장수풍뎅이의 모습은 쉽게 잊히지 않을 거예요.

도심의 주변이나 환경이 파괴된 곳에서는 수액이 흘러도 사슴벌레나 장수풍뎅이가 오지 않는 곳이 많을 거예요. 그렇다고 실망할 필요는 없어요. 여름 방학 동안 피서지나 친척집에 놀러 가서 도전한다면 성공할 수 있을 테니까요.

| 가자, 참나무 숲으로 |

저녁이 되기 전, 수액이 흐르는 참나무 숲에 무작정 들어가는 것은 실패 확률도 높고 힘든 일입니다. 가능하면 낮에 미리 채집하려고 하는 장소에 들어가서 수액이 흐르는 참나무를 찾은 뒤 기억해 둡니다.

한여름 가뭄 때는 저수지, 연못 또는 논두렁 근처에 있는 참나무를 찾는 것이 좋습니다. 다른 곳보다 수분을 많이 끌어낼 수 있어서 밤에 수액이 나올 확률이 높기 때문이지요.

밤이 되어 참나무로 올라온 왕사슴벌레(6월)

✳ 참나무에 풍이나 꽃무지 또는 고려나무쑤시기 같은 곤충들이 낮에 많이 붙어 있다면, 저녁에 사슴벌레나 장수풍뎅이가 찾아올 가능성이 높으므로 꼭 체크해 둡니다. 왜냐하면 나무쑤시기 같은 곤충이 먹는 수액과 풍이나 꽃무지의 애벌레가 사는 환경은 사슴벌레와 장수풍뎅이의 생활 환경과 비슷하기 때문이지요.

참나무 수액을 먹는 넓적사슴벌레(7월)

✳ 일단 수액이 흐르고 있다면, 그 주변에 있는 참나무나 고목의 나무껍질에서 틈을 찾아 그 사이를 들여다보세요. 낮에 빛을 피해 숨어 있는 암컷이나 작은 수컷 사슴벌레를 채집할 수 있을 거예요.

✳ 참나무에 구멍이 있다면 그곳 또한 잘 관찰해 보세요. 운이 좋으면 숨어 있는 대형 사슴벌레 수컷도 잡을 수 있으니까요.

참나무 고목의 구멍 속에 숨어 있는 넓적사슴벌레를 핀셋으로 채집하는 모습

✳ 저녁이 되면 수액이 흐르는 참나무 밑의 낙엽이나 부엽토 속에서 나무 위로 올라가기 위해 숨어 있는 장수풍뎅이와 사슴벌레를 채집할 수 있어요.

✳ 시큼한 수액 냄새가 여름밤의 공기를 타고 코를 찌르면 조심스럽게 수액이 흐르는 참나무로 다가가세요.

큰턱을 집어 잡아당기는 모습

그곳은 바로 자연의 식량 창고예요. 손전등을 비추면 여러 곤충이 많이 붙어 있는 것을 볼 수 있어요. 불빛을 보고 피하는 사슴벌레 암컷들, 빛은 아랑곳하지 않고 계속 먹이를 먹는 넓적사슴벌레 등……. 자신이 얼마나 채집할 것인지는 스스로 판단하세요.

| 과일과 당밀을 이용한 유인 채집 |

과일과 당밀 등으로 곤충을 유인하는 방법은 곤충이 먹이를 찾아 모이

사슴벌레와 장수풍뎅이가 좋아하는 나무

떡갈나무

상수리나무

는 습성을 이용한 채집 방법입니다. 곤충의 분포를 조사할 때 쓰이기도 하지요. 사슴벌레와 장수풍뎅이의 경우 수액(시큼한 냄새가 나는 단물)을 좋아하는 습성을 이용하여 그 곤충들을 유인합니다. 지형적으로 곤충을 채집하기 어려울 때 많이 쓰이지요.

여기서 잠깐!

사슴벌레와 장수풍뎅이 유인물 만들기

준비물
바나나 또는 파인애플, 소주, 헌 스타킹 또는 양파망

제작 방법
과일을 헌 스타킹 또는 양파망에 넣은 뒤, 즙액이 나올 정도로 눌러 줍니다. 그런 뒤 소주를 약간 뿌리면 유인물 완성! 시큼한 냄새가 나면서 바나나 향이 퍼진다면 최고예요!

사용법
참나무 가지나 냄새가 멀리 퍼질 수 있는 장소에 걸어 둡니다. 유인물을 걸어 놓은 뒤, 하루 이틀이 지나면 발효가 되어 더 효과가 좋아집니다. 이 방법을 이용하면 5~6월에는 낮에 꽃무지나 풍이 등을 채집할 수 있고, 밤에는 사슴벌레나 장수풍뎅이 등을 채집할 수 있어요.

| 불빛을 이용한 등화 채집 |

밤에 곤충이 불빛으로 날아오는 습성을 이용한 채집법입니다. 사람이 들어가기 힘든 잡목림 속의 사슴벌레들을 유인할 때 쓰이지요. 이 방법을 이용하면 여러 종류를 채집할 수 있고, 가장 많은 개체 수를 얻을 수 있습니다. 사슴벌레가 가장 활발하게 움직이는 6~8월경에는 불빛에 날아오는 사슴벌레들을 줍기만 하면 됩니다.

| 발전기가 있다면 |

> **준비물** 300W 이상의 수은등, 안정기, 발전기, 흰색 천, 폴대 또는 중고 삼각대

　500W 이상의 발전기를 가지고 있거나 구할 수 있다면 직접 채집 영역을 만들 수 있어요. 일단 등화 채집 세트를 만들도록 합니다. 소음이 적고 가벼운 것이 채집하기에 가장 좋아요. 폴대를 세우고 거기에 천을 걸어 수은등을 연결하는 것이 일반적인 방법입니다. 하지만 나방 같은 작은 곤충을 채집하는 것이 아니라면 그냥 바닥에 천을 깔고 그 위에 삼각대를 펴서 수은 등을 세워 놓는 것이 이동하기에 편리하고 부피도 적어 실용적입니다.

　성공적으로 등화 채집을 하려면 빛이 잘 퍼져 나갈 수 있는 곳을 잡아야 합니다. 바로 잡목림 산속, 혹은 산 밑의 빛이 잘 퍼져 나갈 수 있는 공터 등에 자리를 잡고 흰색 천 쪽으로 수은등을 켭니다.

2004년 7월 경기도 깊은 산속 임도에서 본 풍경

수은등에 모여드는 나방들

이제 기다리기만 하면 됩니다. 시간이 지나면 여러 종류의 곤충과 사슴벌레, 장수풍뎅이가 불빛에 유인되어 날아옵니다. 하지만 한 시간 이상 수은등을 켰는데도 사슴벌레가 날아오지 않는다면 다른 장소로 옮기는 게 좋아요.

| 발전기가 없다면 |

발전기가 없어도 실망할 필요 없어요. 요즘은 큰 산 주변의 유원지나 사람이 사는 곳 근처에 수은등을 켜 놓고 있기 때문이에요. 해가 진 뒤에는 손전등을 들고 수은등이 켜진 곳을 오고가면 우리가 찾고 있는 사슴벌레를 얼마든지 채집할 수 있습니다. 단, 원하는 곳에서 채집할 수 없다는 것이 단점이지요. 하지만 도시 근처에서는 보기 힘든 사슴벌레, 홍다리사슴벌레, 다우리아사슴벌레 등이 수은등으로 많이 날아오므로 이 곤충들을 볼 수 있는 좋은 기회이지요.

여름에 강원도에 간다면 꼭 한번 밤에 나와 보세요. 사슴벌레를 만날 수 있을 거예요.

등화 채집에 날아온 한 쌍의 사슴벌레

불빛에 모여든 여러 종류의 사슴벌레 암컷들

 **여기서 잠깐!**

등화 채집할 때는 그날의 날씨를 체크하자!

보름달이 뜬 날은 피하라
보름달이 뜬 날은 달빛이 밝아 등화로 유인하기 어려우므로 흐린 날을 이용하는 것이 좋아요.

비가 오거나 바람이 부는 날을 피하라
비가 오거나 바람이 강하게 부는 날은 사슴벌레가 잘 활동하지 않는 날이고 등화 채집 장비도 설치하기 어려우니 피하도록 해요.

수은등을 집중 공략하라
수은등에 비하여 노란 빛이 도는 나트륨등에는 사슴벌레가 모이지 않으므로 헛걸음하는 일이 없도록 합니다.

온도를 주시하라
20도 이하의 날씨에서는 사슴벌레가 활발히 활동하지 않으므로 주의합니다.
가장 알맞은 날씨는 습하고 더운 여름밤이에요.

애벌레 채집하기

겨울은 또 다른 채집의 계절이에요. 겨울에는 잡풀이 우거져 있던 참나무 숲의 낙엽이 져서 잘 보이기 때문에 썩은 참나무를 찾기가 쉽습니다. 숲에 들어가는 것도 쉽고, 위험이 적기 때문에 애벌레를 채집하는 데 딱 알맞은 시기입니다. 하지만 봄, 여름, 가을 등에는 여전히 풀이 우거져 있고 위험 요소가 많으므로 썩은 나무를 찾으러 다니기가 쉽지 않아요.

자, 이제 자연 속의 애벌레를 직접 채집해 봅시다.

여기서 잠깐!

애벌레 채집할 때 주의할 점

- 살아 있는 나무는 환경 보호를 위해 채집 대상에서 뺍니다.
- 손도끼에 다치지 않도록 주의합니다.
- 애벌레나 어른벌레가 어디에 있을지 모르니 먹은 흔적을 조심스럽게 따라가며 채집합니다.

썩은 참나무 속에서 채집된 왕사슴벌레 애벌레

● 사슴벌레 애벌레의 채집 방법

첫째, 숲속에서 자연적으로 말라죽고 썩거나 강제로 벌목되어 죽은 참나무를 찾습니다. 넓은 산에서 썩은 참나무를 찾기는 쉽지 않으나, 발품을 열심히 팔다 보면 애벌레가 있을 만한 썩은 나무를 찾게 될 거예요. 사슴벌레들이 알을 낳기 좋은 참나무는 버섯이 피어 있거나 습기를 적당히 먹어 딱딱하지 않은 약 3~5년 된 썩은 나무입니다.

애벌레가 먹은 흔적이 있는 썩은 참나무(충남, 2004)

썩은 참나무 속에서 발견된 왕사슴벌레 3령 애벌레

둘째, 목표물을 발견했다면 손도끼로 나무를 천천히 쪼개서 사슴벌레 애벌레가 먹은 흔적을 찾도록 합니다.

셋째, 먹은 흔적에는 최소 한 마리 이상의 애벌레가 들어 있으므로 먹은 흔적을 따라 애벌레를 조심스럽게 찾도록 합니다. 오래전에 먹은 흔적은 색이 짙게 변해 있고, 최근에 먹은 흔적은 지금의 나무 색과 비슷하므로 애벌레가 어디쯤에 있는지 파악하는 데에도 도움이 될 거예요.

잘 썩은 참나무 속의 왕사슴벌레 애벌레들

넷째, 애벌레를 발견하면 조심스럽게 꺼내서 채집통에 옮긴 뒤, 애벌레가 먹던 나무 부스러기를 넣어 줍니다.

다섯째, 참나무 속의 애벌레는 딱딱한 나무 속에 꽉 끼여 있으므로 꺼내기가 쉽지 않아요. 이럴 때는 머리의 턱 부위에 작은 가지를 대면 애벌레가 자기방어 작용으로 가지를 꽉 물게 됩니다. 이때 잡아당기면 애벌레를 쉽게 꺼낼 수 있습니다.

● **장수풍뎅이 애벌레의 채집 방법**

장수풍뎅이는 사슴벌레보다 야외에서 찾기가 더 어렵습니다. 그러나 애벌레가 살고 있는 곳을 발견한다면 최소 수십 마리는 채집할 수 있습니다. 사슴벌레 애벌레보다 먹는 양이 거의 3~4배이기 때문에 먹이의 양이 충분하지 않다면 생존하기 어렵습니다. 그래서 먹이가 풍부한 곳에서만 살아서 채집이 어려운 것이지요.

장수풍뎅이 애벌레를 채집하기 위해서는 오래된 초가지붕 속, 썩은 참나무가 부엽토와 섞여 있는 틈, 농가의 퇴비를 쌓아 둔 곳을 집중적으로 찾아 보는 것이 좋아요.

하지만 요즘은 예전과는 달리 표고버섯 농사를 짓고 쌓아 둔 폐목 등 인위적으로 만들어진 환경이 최적의 조건을 만들어 내어 그곳에서 장수풍뎅이들이 많이 번식하고 있습니다. 따라서 이런 곳을 알아 두면 장수풍뎅이 애벌레를 채집하는 데 훨씬 더 유리하므로 참고하여 시도해 보세요.

제주도의 썩은 팽나무 뿌리에서 발견한 장수풍뎅이 애벌레

곤충 표본 방법을 배워 보자!

곤충을 좋아하는 어린이들은 곤충 박사가 되고 싶어 하는 걸 종종 볼 수 있습니다. 곤충 박사가 되려면 곤충에 대해 많은 지식과 정보를 알고 있어야 해요. 그중에서도 곤충학의 가장 기본이 되는 곤충 표본법을 알아야 합니다. 그럼 이제부터 곤충 표본법을 알려 줄 테니 머릿속에 차곡차곡 넣어 두고 하나씩 실천해 보세요.

전족과 건조가 끝나서 정리가 되기를 기다리는 사슴벌레와 장수풍뎅이 표본들

곤충 박사가 되는 지름길

● 곤충에 관한 책 많이 읽기

곤충에 관한 어떠한 책도 좋아요. 《파브르 곤충기》부터 구할 수 있는 곤충 관련 책이라면 모두 읽어 보는 게 좋습니다. 책이 주는 간접 경험은 실제 경험 못지않게 도움이 되고, 그만큼 실전에 강해질 수 있기 때문이지요.

● 최선을 다하는 자세도 필수

곤충만 열심히 공부하고 채집한다고 해서 훌륭한 곤충 박사가 되는 것은 아니에요. 다른 어떤 공부도 소홀히 하면 안 돼요. 왜냐하면 모든 기초 학문에 능통해야 훌륭한 곤충 박사가 될 수 있으니까요. 저명한 곤충학자들은 대개 모든 학문에 능통한 박물학자였답니다.

● 채집과 표본, 열심히 만들기

될 수 있으면 야외로 많이 나가서 곤충을 만나고, 관찰하고, 채집하고, 표본을 만들어 보세요. 특히 나중에 연구하고 싶은 곤충이 있다면 집중적으로 그 곤충만 다루어 보는 것도 좋아요.

표본을 하는 것은 많이 도움이 되고 중요한 일이지요. 표본이 없다면 곤충학을 연구하는 것 자체가 힘이 들기 때문입니다. 곤충학은 상상의 학문이 아니라, 실제 대상이 있어야만 연구할 수 있는 학문이거든요.

곤충을 표본하는 방법은 그렇게 어렵지 않아요. 인내심과 시간만 있으면 됩니다. 그럼 표본할 때 필요한 준비물에 대해 알아볼까요?

표본 전에 준비할 용품들

① 곤충 핀

곤충 전용 핀을 사용하도록 합니다. 전용 핀은 스테인레스 재질로 되어 있어 녹이 슬지 않아 표본을 오랫동안 보관하는 데 좋습니다. 길이도 일반 핀보다 길어 대형 곤충을 표본하는 데 딱 알맞지요.

곤충핀의 굵기에 따른 호수와 사용 (예, 〈일본의 시가(Shiga)사 기준〉)
- 00~0호 : 아주 작은 곤충
- 1~2호 : 작은하늘소 같은 소형 곤충
- 3~4호 : 국내 사슴벌레, 장수풍뎅이 같은 중대형 곤충
- 5~6호 : 코카서스장수풍뎅이 같은 대형 곤충류

② 표본 상자

건조된 곤충을 장기간 보존하기 위해서는 표본 상자가 꼭 필요해요. 오동나무로 제작되며, 표본을 갉아먹는 수시렁이나 표본 벌레들을 막아 줍니다. 자신만의 표본 상자를 만들어 벽에 전시해 두면 뿌듯함을 느낄 수 있을 거예요.

③ 전시판, 전족판

전시판은 나비 같은 곤충의 날개를 펴서 표본할 때 쓰는 나무로 된 판이며, 전족판은 갑충 등의 다리를 펼 때 고정하기 위한 판입니다. 전족판은 문구점에서 판매하는 우드락(압축 스티로폼)을 쓰면 가격이 싸지요.

④ 평균대

표본이 된 곤충과 라벨의 높이를 일정하게 맞추어 정렬하는 데 쓰입니다.

⑤ 핀셋

곤충을 전시하거나 전족할 때, 정교한 작업이 필요할 때 사용합니다.

⑥ 라벨

호랑이는 죽어서 가죽을 남기고, 사람은 죽어서 이름을 남겨요. 그럼 곤충은 죽어서 뭘 남길까요? 바로 표본과 라벨을 남겨요. 라벨은 곤충 표본을 제작할 때 꼭 해야 할 일이에요. 언제, 어디서 채집되었는지, 채집자가 누구인지는 곤충 연구를 할 때 아주 중요한 정보예요. 약간 두꺼운 흰 종이를 프린트하여 곤충 밑에 핀을 박아 주는 것이 기본 방법입니다.

라벨 작성 요령

- 한글로 라벨을 작성할 경우

    전남 구례 지리산
    2023년 7월 25일
    홍 길 동

- 영문으로 라벨을 작성할 경우

    Mt. Jiri-san Gurye JN
    25. July. 2023
    Hong Gildong

- 코드로 표기하는 지역명

GG_ 경기도 / GW_ 강원도 / CB_ 충청북도 / CN_ 충청남도 / JB_ 전라북도
JN_ 전라남도 / GB_ 경상북도 / GN_ 경상남도 / JJ_ 제주도

⑦ 기타 도구

연화에 필요한 물품, 붓, 기름종이, 진주 핀, 순간접착제 등이 속합니다.

사슴벌레, 또는 장수풍뎅이 표본하기

● 연화시키기

　죽어서 몸이 굳고 건조된 곤충은 연화를 시켜야 합니다. 건조된 상태에서 다리를 펴면 부러지기 쉬우니까요. 끓인 물에 건조된 곤충을 10~20분 정도, 길게는 한 시간 정도 넣어 두면 몸의 근육에 수분이 스며듭니다. 그러면 다리, 더듬이 등이 표본하기 편하게 연화되지요. 연화가 잘 되지 않을 경우에는 오랜 시간 물에 넣어 둡니다. 채집했거나 바로 죽은 곤충은 연화 단계를 거치지 않고 전족 단계로 넘어가면 됩니다.

● 전족하기

　전족하는 것은 다리와 더듬이를 펴서 고정하는 것이에요. 연화된 곤충을 전족판(우드락)에 올려놓고 앞날개 우측편 소순판에서 45도 아래의 중

표본 순서

1. 건조된 상태의 표본 준비하기

2. 끓인 물을 준비하기

3. 건조된 곤충을 물에 넣어 연화시

4. 약 30분 정도 담가 놓고 연화하기

5. 티슈를 깔고 물기를 제거하기

6. 손으로 눌러 몸통 속의 물기 제거

간 지점에 핀을 박습니다. 몸이 움직이지 않게 핀을 콱아 고정시킨 뒤, 다리와 더듬이를 핀셋 등으로 펴 가면서 원하는 모양으로 만듭니다.

● 그늘에서 건조시키기

그늘에서 2주 이상 건조시킵니다. 건조 기간은 길수록 좋지만, 먼지가 끼거나 표본을 갉아먹는 벌레가 오지 못하게 신경을 써 줘야 해요.

● 라벨 붙이기

완전히 건조된 표본을 평균대 윗부분에 높이를 맞춘 뒤, 라벨을 작성하여 핀에 꼽아요. 그리고 라벨의 높이도 평균대를 이용하여 맞춰 줍니다.

● 표본 상자에 보관하기

표본 상자에 종류별로 잘 보관하도록 합니다. 주기적으로 나프탈렌 같은 방충제와 방습제를 넣어 표본이 상하지 않도록 신경을 써야 해요.

그 밖의 곤충(나비류) 표본하기

● 연화시키기

나비는 갑충(딱정벌레목에 속하는 곤충)보다 연화 과정이 까다롭습니다. 하지만 매미 등 날개가 젖지 않는 곤충들은 갑충과 같은 방법으로 연화시키면 됩니다.

나비류의 연화 과정 중 가장 핵심은 건조되어 접혀 있는 날개를 펴는 것입니다. 펴는 방법에는 두 가지가 있습니다. 한 가지는 뜨거운 물을 주사기에 넣어 날개의 시맥(곤충의 날개에 무늬처럼 갈라져 있는 맥이며, 체액이 흐르고 기관과 신경이 분포되어 있는 곳)에 주사하는 것이고, 다른 한 가지는 갑충류를 연화할 때와 비슷하게 몸에 수분이 들어가게 하는 방법입니다.

첫 번째 방법은 초보자들에게 쉽지 않으므로 쉽게 날개를 펼 수 있는 두 번째 방법을 알려 줄게요. 하지만 처음 할 경우에는 익숙해질 때까지 시간이 약간 필요합니다.

첫째, 집에서 사용하는 밀폐 용기를 하나 준비합니다.
둘째, 바닥에 티슈를 세 겹 정도로 깔아 줍니다.
셋째, 물을 끓여 티슈가 촉촉하게 젖도록 적당히 물을 뿌립니다.
넷째, 티슈 위에 건조된 나비를 놓고 몸통만 티슈에 닿도록 조심스럽게 올려놓습니다. 이때 티슈와 날개가 닿지 않도록 해야 합니다. 날개가 바닥에 닿아 젖게 되면 꺼내면서 찢어질 수도 있으니 특히 주의해야 해요.
다섯째, 이렇게 하루 이틀 정도 뚜껑을 덮고 놔두면 나비의 몸에 수분이 들어가 근육들이 연화됩니다.

그런데 어떻게 날개를 펴야 할까요? 다음 페이지의 사진에서 보는 것처럼 'ㄱ' 자로 끝이 꺾인 핀셋으로 몸에서 시작되는 날개의 시작 부분을 강하게 눌러 주면 날개가 살짝 벌어집니다. 이때 앞날개 쪽을 잡고 날개가 완전히 펴지도록 합니다. 날개가 잘 벌어지지 않을 경우에는 하루 이틀 더 연화시킵니다. 이 곤충류도 역시 채집했거나 바로 죽은 경우엔 연화 단계를 거치지 말고 바로 다음 단계로 가세요.

● **전시하기**(날개 펴기)

나비 몸에 곤충 핀을 박아 전시판의 가운데에 고정시킨 뒤, 다음 페이지의 사진과 같이 기름종이를 잘라서 전시판에 펴진 날개를 고정합니다. 날개에 상처가 나지 않도록 하고 좌우 날개의 균형을 잘 잡아 진주 핀으로 고정시키세요. 그 뒤의 과정은 갑충류 때와 똑같습니다.

● **그늘에서 건조시키기**

핀으로 고정된 상태로 그늘에서 2주 이상 건조시킵니다. 건조 기간은 길수록 좋지만, 먼지가 끼거나 표본을 갉아먹는 벌레가 오지 못하게 신경을 써야 합니다.

● **라벨 붙이기**

완전히 건조된 표본을 평균대를 이용하여 윗부분에 높이를 맞춘 뒤, 라벨을 작성하여 핀에 꽂습니다. 그리고 라벨의 높이도 평균대를 이용하여 맞춰 줍니다.

● **표본 상자에 보관하기**

표본 상자에 종류별로 잘 보관하도록 합니다. 주기적으로 나프탈렌 같은 방충제와 방습제를 넣어 표본이 상하지 않도록 신경을 써야 해요.

표본 순서

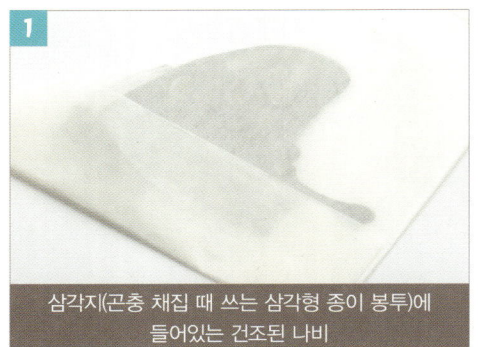
1. 삼각지(곤충 채집 때 쓰는 삼각형 종이 봉투)에 들어있는 건조된 나비

2. 물이 묻은 티슈에 나비 연화시키기

3. 이틀 후, 'ㄱ'자 핀셋으로 날개 벌어짐 확인하기

4. 날개가 잘 벌어지면 연화 성공

5. 전시판에 놓고 몸통에 곤충핀을 찌른 뒤 유산지(진한 황산 용액으로 처리한 종이)로 벌어진 날개 덮기

6. 유산지에 잘 덮였는지 확인하기

7. 앞날개부터 진주 핀으로 고정시키기

나비 전시 완성(위에서 본 모습)

나비 전시 완성(옆에서 본 모습)

나란히 두 마리를 전시해 놓은 모습

건조가 끝나고 조심스럽게 진주 핀 뽑기

건조가 끝난 나비 표본의 완성된 모습

나란히 두 마리의 표본이 완성된 모습

4장
궁금해요! 한국의 사슴벌레

현재 우리나라에는 총 약 16종의 사슴벌레가 분포한다고 알려져 있습니다. 하지만 고산 지대나 남부 지방의 섬에 사는, 기록되지 않은 작은 사슴벌레까지 채집하고 연구한다면 혹시 또 새로운 종이 발견되지 않을까요? 우리나라에는 어떤 사슴벌레들이 있는지, 직접 채집하고 관찰하고 사육한 경험을 토대로 전하는 생생한 정보에 귀 기울여 보세요. 그럼 여러분도 사슴벌레 박사가 될 수 있어요.

가장 오래 사는 곤충
왕사슴벌레

국명 왕사슴벌레
학명 *Dorcus hopei hopei* (Saunders, 1854)
분포 한국, 일본, 중국
크기 수컷 23~76mm, 암컷 22~47mm
수명 1~3년
사육 난이도 ★

지금 우리나라에서 가장 인기 있는 반려 곤충 중 하나가 왕사슴벌레입니다. 하지만 안타깝게도 개체 수가 눈에 띄게 줄어들고 있어요. 전에는 도시나 작은 마을 주변에서 쉽게 채집할 수 있었지요. 그러나 사람들이 무분별하게 자연을 개발하고, 버섯 재배용과 땔감용으로 쓰기 위해 오래된 참나무 숲을 베어 버리거나 쓰러진 나무까지 모두 가져가 버려서 왕사슴벌레의 생활 터전이 줄어들었습니다.

왜냐하면 왕사슴벌레의 애벌레는 잘린 썩은 참나무의 윗부분, 즉 햇볕이 잘 들고 수분이 적은 부위에서 살기 때문입니다. 그래서 더욱 개체 수가 줄어들 수밖에 없었습니다.

왕사슴벌레를 지키기 위해서는 '보호종'으로 지정하여 채집하는 행위를 막는 것도 방법이겠지만, 왕사슴벌레의 생태 습성을 이

참나무 고목 위의 왕사슴벌레 대형 수컷

해하고 서식지를 보호하는 것이 가장 올바르고 훌륭한 방법입니다.

  왕사슴벌레는 2000년 전후부터 본격적으로 우리나라에서 채집 및 사육되어 왔습니다. 그래서 지금은 곤충 전문점과 인터넷에서 쉽게 분양받을 수 있지만, 2000년 전에는 기록된 개체 수도 아주 적었으며, 우리나라에서 사육하는 사람도 거의 없었어요.

  이제부터 우리나라의 사슴벌레 중 가장 몸집이 크고 멋지며, 오래 사는 왕사슴벌레에 대해 자세히 알고 직접 사육해 보면서, 왕사슴벌레의 매력에 흠뻑 빠져 보세요!

왕사슴벌레 수컷의 아름다운 큰턱

왕사슴벌레 수컷의 번데기

수컷(충남, 2004) 65mm **실제 크기의 1.4배**

수컷(전북, 2005) 50mm

암컷(경기, 1999) 42mm

생김새와 특징이 궁금해!

✱ 수컷

다른 사슴벌레 수컷과 구별하는 가장 쉬운 방법은 바로 큰턱의 생김새입니다. 둥글고 부드럽게 안쪽으로 굽어 있으며, 큰턱의 앞부분은 날카로운 화살촉 같은 모양을 하고 있고 턱의 중간에는 끝이 뾰족한 큰 내치가 있는 게 특징이에요. 크기에 따라 큰턱의 변이가 심하며, 내치의 솟은 방향으로 보통 대형턱, 중형턱, 소형턱으로 구분하기도 합니다. 몸은 전체적으로 광택이 없는 검은 흑색이며, 소형 수컷의 경우 암컷과 같이 몸 전체에 광택이 나고 앞날개에 점열이 있습니다.

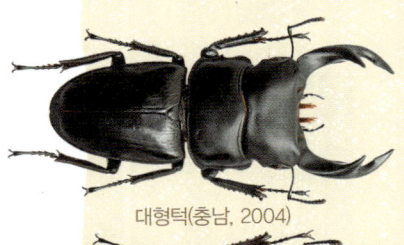

대형턱(충남, 2004)

대형턱 몸 크기가 50mm 후반에서 60mm 이상이면 대형턱의 개체를 많이 볼 수 있습니다. 내치(안쪽에 있는 작은 돌기)가 큰턱의 끝부분과 거의 겹칠 만큼 위쪽을 향하고 있습니다.

중형턱(전북, 2005)

중형턱 몸 크기가 중간 정도인 왕사슴벌레에 많이 나타나며, 내치가 약 45도 안쪽으로 나와 있는 개체를 말합니다.

소형턱(충남, 2003)
오른쪽 턱 기형 개체

소형턱 작은 왕사슴벌레에게 많이 나타나는 형태이고, 큰턱의 앞부분과 내치의 각도는 약 90도입니다. 안쪽으로 내치가 튀어나와 있습니다.

✱ 암컷

암컷은 몸 전체가 뚱뚱한 타원형으로 강한 검정 광택을 띠며, 앞날개에 뚜렷한 점열이 있습니다.

✱ 애벌레

큰턱을 다물고 있으면 머리 모양이 역삼각형으로 보이고, 큰턱이 머리부터 끝까지 휘어지지 않고 곧바로 뻗어 있는 게 특징입니다.

채집 방법의 노하우 (난이도 : ★★★)

＊ 어른벌레를 채집할 때

다른 종과 달리 일정한 지역에만 분포하므로 채집하기가 쉽지 않기 때문에 생태 습성을 꼭 이해해야 합니다. 어른벌레를 채집할 때는 주로 밤에 고목이 많은 참나무 숲을 집중 공략하는 것이 좋습니다. 손전등 불빛에도 매우 민감하게 반응하여 구멍이나 다른 은신처로 금방 숨어 버리기 때문에 나무에 다가가서 전등을 켜고 채집하는 것이 좋습니다.

과일로 유인하는 채집법은 성공률이 낮지만, 등화 채집은 성공률이 좋습니다. 암컷이 주로 채집되지만 운이 좋으면 수컷도 채집할 수 있어요. 왕사슴벌레는 다른 사슴벌레류보다 비행 능력이 떨어지는 편입니다.

경기도에서 처음 채집한 왕사슴벌레 수컷 (경기, 2000)

떡갈나무 번데기방에서 발견한 소형 왕사슴벌레 수컷(전북, 2003)

＊ 애벌레를 채집할 때

다른 사슴벌레보다 왕사슴벌레의 개체 수가 더더욱 줄어드는 이유는, 사람들이 왕사슴벌레 암컷이 산란하는 참나무 윗부분을 버섯 재배용이나 장작용 등으로 가져가기 때문입니다. 그러나 많이 썩지 않고 약간 마른 상수리나무를 운 좋게 찾는다면 애벌레를 많이 채집할 수 있습니다. 썩은 참나무가 굵을수록 대형 왕사슴벌레 애벌레나 번데기방 속에 있는 어른벌레를 채집할 수 있어요.

썩은 참나무 속에서 발견된 왕사슴벌레 애벌레(충남, 2004)

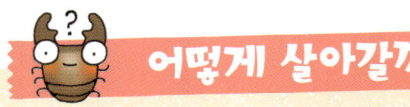
어떻게 살아갈까?

✻ 왕사슴벌레는 어디에서 살까?

왕사슴벌레는 마을에서 가까운 평지나 오래된 참나무가 많은 낮은 산, 일조량이 많은 상수리나무 숲에서 주로 살아요. 하지만 일정한 지역에 분포하기 때문에 채집하기가 쉽지는 않습니다. 중·남부 지방에서 채집하는 것이 비교적 쉬워요. 높은 산지에도 분포하지만 개체 수가 많지 않고 채집하기가 어렵습니다. 하지만 등화 채집법을 사용한다면 채집할 수 있어요. 활동 시기는 5월 중순에서 9월까지입니다.

특히 큰 참나무 고목의 구멍에 숨어 사는 것을 좋아하기 때문에, 오래된 참나무 숲을 찾는 것이 채집의 핵심 포인트입니다. 주로 사람이 사는 곳 주변에 있는 오래된 참나무 숲이 왕사슴벌레가 좋아하는 환경입니다. 사람들이 장작용으로 쓰거나 도토리를 얻기 위해 참나무에 상처를 내기 때문에 수액이 많이 흐르고 구멍이 생기기 때문이지요.

수컷은 싸우기 시작하면 우리나라 최강의 싸움꾼인 넓적사슴벌레도 꼼짝 못 할 정도로 턱의 힘이 강하지만, 소심하고 조심스러운 성격이라 눈에 잘 띄지 않는 편이에요.

자연 속의 왕사슴벌레 수컷

✻ 어른벌레는 어떻게 살까?

어른벌레는 야생에서 잠을 자면서 겨울을 보냅니다. 사육할 때에는 야생에서의 생활과 달리 활동량을 줄이면 2~3년까지 살 수 있습니다. 오래 살게 하고 싶다면 수컷의 짝짓기 횟수를 줄이고 겨울을 나게 하며, 너무 덥고 습하게 키우지 않으면 됩니다.

✻ 암컷과 애벌레는 어떻게 살까?

암컷이 산란하기 좋아하는 장소는 상수리나무, 졸참나무, 떡갈나무 등 습기가 적고 딱딱하며, 속이 밝은 살색 빛의 썩은 나무입니다. 번데기방은 나무 속에 만들고, 애벌레로 지내는 기간은 자연 상태에서 약 1~2년 정도입니다.

곤충 지식 플러스

Q 왕사슴벌레와 애사슴벌레의 교잡종이 있다는데, 정말일까?

A 왕사슴벌레와 애사슴벌레는 조상이 같은 근연종(近緣種)입니다. 그러므로 수컷과 암컷을 바꾸어 서로 짝짓기를 하여 잡종 개체를 얻을 수 있습니다. 하지만 생존율이 높지 않은 편이며, 자연 상태에서는 거의 찾아볼 수 없어요.

왕사슴벌레 수컷이 날개돋이 후 몸을 말리는 단계별 모습

왕사슴벌레 암컷이 번데기로 탈바꿈하는 단계별 모습

재미있게 키우는 방법 (난이도 : ★)

✱ 어른벌레 사육하기

애벌레를 대형 개체로 키우는 것은 까다롭지만, 어른벌레를 사육하는 것은 쉬운 편입니다. 어른벌레는 건조한 환경을 좋아하며, 암수의 금실도 매우 좋아서 짝짓기를 마친 암수가 같이 숨어 있는 것을 발견할 수 있습니다. 가끔 금실이 좋지 않아 서로 공격할 때에는 따로 사육하거나 다른 암컷으로 바꿔 주는 것이 좋아요. 단, 수컷끼리는 심하게 자리를 다투므로 같이 사육하는 것을 금합니다. 우화한 뒤에는 먹이를 먹는지 안 먹는지에 따라 성숙 여부를 판단할 수 있습니다. 암컷은 우화한 뒤 그 해에도 산란할 수 있지만, 그 다음 해에 더 많이 산란합니다. 왕사슴벌레는 넓적사슴벌레와 달리, 추위에 잘 견디는 편입니다. 하지만 일교차가 심한 가을부터는 거의 활동을 하지 않습니다. 초보자들은 이럴 때 사슴벌레가 먹이를 먹지 않으면 죽을까 봐 마음을 졸이지만 걱정하지 않아도 됩니다. 그래도 언제 먹이를 먹기 시작할지 모르므로 먹이를 넣어 주고 가끔씩 확인하는 것이 좋지요.

✱ 알 받아 보기

왕사슴벌레는 산란을 많이 하는 종입니다. 암컷 한 마리가 50개 넘게 알을 낳기도 합니다. 산란나무는 상수리나무나 졸참나무에 수분을 충분히 준 뒤, 매트에 약 3분의 2가 잠기도록 설치하면 됩니다. 산란나무는 수분이 적고 비교적 마르고 단단한 것을 이용합니다.

✱ 애벌레 사육하기

애벌레도 환경에 매우 강한 편이라 사육하기가 쉬워요. 발효 톱밥보다는 균사 사육을 해야 대형 개체를 얻을 수 있어요. 실내에서 사육할 때에는 수컷, 암컷 모두 1년 안에 우화합니다.

사육 중인 왕사슴벌레 한 쌍

채집 중 발견된 왕사슴벌레 애벌레들(충남, 2003)

썩은 참나무 속에서 채집된 왕사슴벌레 3령 애벌레(충남, 2004)

몸집이 작아 앙증맞고 귀여운
애사슴벌레

국명 애사슴벌레
학명 *Dorcus rectus rectus* (Motschulsky, [1858])
분포 한국 전역, 중국, 일본, 대만
크기 수컷 22~54mm, 암컷 21~33mm
수명 1~2년
사육 난이도 ★

애사슴벌레는 넓적사슴벌레와 함께 우리나라 어느 곳에서나 쉽게 볼 수 있는 사슴벌레입니다. 사슴벌레를 전혀 채집해 본 적이 없는 사람도 집 주변의 야산에 올라 썩은 활엽수를 부수어 보면 애사슴벌레를 종종 만날 수 있습니다.

애사슴벌레 애벌레도 다양한 종류의 나무를 먹고, 작은 나뭇가지에서도 어른벌레가 될 수 있기 때문에 도심 주변의 산에서 쉽게 볼 수 있어요.

야생에서는 50mm보다 큰 수컷을 채집하는 것이 매우 어렵지만, 일단 채집한 애벌레를 500cc 병에 넣어서 키우면 금방 어른벌레가 되기 때문에 키우는 재미가 있습니다.

팽나무에서 채집된 애사슴벌레 수컷(제주, 2006)

# 생김새와 특징이 궁금해!

＊ 수컷

몸은 흑색 또는 흑갈색을 띱니다. 큰턱은 가는 편이며, 앞으로 곧게 뻗어 있습니다. 왕사슴벌레처럼 큰턱 중앙의 윗부분에 작은 내치가 있는데, 내치는 소형종일수록 눈에 보이지 않을 만큼 작아져요. 대형종 수컷은 왕사슴벌레와 마찬가지로 큰턱의 끝부분이 화살촉 모양처럼 되어 있습니다. 소형종이어도 왕사슴벌레처럼 광택이 있거나 앞날개에 점열이 있지는 않아요.

＊ 암컷

수컷의 몸처럼 흑색 또는 흑갈색을 띱니다. 왕사슴벌레처럼 앞날개에 점열이 미세하게 나 있고, 광택은 없어요. 머리 부분이 길쭉하게 나와 있습니다.

수컷(경기, 2006) 43mm **실제 크기의 2.5배**

암컷(강원, 1999) 29mm **실제 크기의 2.5배**

채집 방법의 노하우 (난이도 : ★)

* 어른벌레를 채집할 때

활엽수가 있는 잡목림이라면 어디에서든 채집할 수 있습니다. 산속은 물론, 약간의 수액만 흐르는 곳이라면 도시 주변의 숲에서도 쉽게 채집할 수 있어요. 등화채집을 할 때 잘 잡히는 편이므로 숲 근처의 가로등을 살펴보는 것도 도움이 될 거예요. 야생에서 크기가 50mm보다 큰 수컷은 채집하기가 매우 힘듭니다.

번데기방 속의 애사슴벌레 수컷 번데기

* 애벌레를 채집할 때

썩은 활엽수에서 채집하고, 굵기가 얇은 나무에서도 산란하므로 채집하기가 쉬워요. 왕사슴벌레 애벌레를 채집할 때보다 더 축축한 곳에서도 채집이 가능합니다. 잘린 나무의 뿌리와 도시 주변의 야산에서도 쉽게 발견할 수 있으니 한번쯤 도전해 보세요!

어떻게 살아갈까?

* 어른벌레는 어떻게 살까?

어른벌레의 수명은 약 1~2년이고, 5~9월까지 활동합니다. 밤에는 참나무 수액에 모여 있고, 낮에는 나무껍질 사이나 작은 낙엽 밑에 숨어서 지냅니다. 몸이 작고 납작해서 좁은 은신처에서도 잘 숨어 지내요.

* 암컷과 애벌레는 어떻게 살까?

나무를 거의 가리지 않아 참나무 외의 여러 활엽수에서도 알을 낳습니다. 애벌레는 작기 때문에 아주 얇은 나뭇가지에서도 어른벌레가 되어 자랄 수 있습니다. 먹이로 사용하는 나무 종류도 다양하므로 다른 사슴벌레보다 잘 살아남는 편이에요.

이처럼 애사슴벌레는 산란할 때도 나무를 가리지 않고, 애벌레도 좁은 환경 속에서 잘 자라날 수 있기 때문에 어디서나 쉽게 볼 수 있습니다.

재미있게 키우는 방법 (난이도 : ★)

∗ 어른벌레 사육하기

애사슴벌레는 여러 마리를 한꺼번에 키울 수도 있습니다. 하지만 크기는 작아도 수컷끼리 싸움이 붙으면 서로에게 치명적인 공격을 할 수도 있으니 주의해야 합니다. 약 2년 동안 살기도 하지만, 일반적으로 1년 이상 살기는 힘든 편이에요. 애사슴벌레는 겨울잠을 자기도 하는데 그런 모습이 왕사슴벌레의 사육 환경과 비슷하다고 생각하면 쉽습니다.

∗ 알 받아 보기

판매되는 산란나무 중 약간 말랑한 것을 고르는 게 좋아요. 크기가 약간 작은 나무를 여러 개 사용하고, 수분의 양과 설치 과정은 왕사슴벌레 산란나무와 비슷하게 하면 됩니다.

∗ 애벌레 사육하기

발효 톱밥 사육이 쉽지만, 수컷을 50mm 이상 키우고 싶다면 균사 사육을 권장합니다. 약 500cc의 유충병에서 키우면 발효 톱밥을 바꿀 필요 없이 어른벌레를 볼 수 있어요. 크기가 작으므로 실온에서 사육하면 6개월 안에 우화하고, 더 일찍 어른벌레가 되기도 합니다.

애사슴벌레 애벌레

썩은 참나무 속의 번데기방에서 겨울을 나는 애사슴벌레 암컷(강화, 2000)

참나무 숲의 최강자
넓적사슴벌레

국명 넓적사슴벌레
학명 *Serrognathus titanus castanicolor* Motschulsky, 1861
분포 한국 전역, 중국 북부, 일본 대마도
크기 수컷 31~82mm, 암컷 22~44mm
수명 1~2년
사육 난이도 ★

넓적사슴벌레는 우리나라에서 가장 쉽게 볼 수 있으며, 가장 크기가 큰 사슴벌레이지요. 우리나라의 대표적인 사슴벌레라고도 할 수 있어요. 넓적사슴벌레는 크기가 크고 성격도 난폭하며 활발하기 때문에, 애호가들 사이에서 꾸준히 인기 있습니다.

전국적으로 큰 변이는 발견되지 않았고, 제주도와 남부 지방에서 턱이 짧고 덩치가 큰 개체가 채집되었지만 분류학적인 연구가 더욱 필요한 상황입니다.

수컷(경기, 2004) 72mm

수컷(제주, 1999) 70mm

암컷(경기, 2005) 39mm

생김새와 특징이 궁금해!

* 수컷

몸은 전체적으로 흑색을 띠지만, 새로 우화한 개체는 붉은색을 띠기도 해요. 왕사슴벌레처럼 소형종일수록 몸에 광택이 납니다. 큰턱의 모양은 기부에서 약 3분의 1 정도 되는 곳에 큰 내치가 있고, 거기에서부터 턱의 끝까지 작은 내치가 톱 모양으로 나 있어요. 소형종으로 갈수록 작은 내치는 적어지거나 거의 없어지고, 큰 내치는 확실하게 윤곽이 보입니다.

* 암컷

몸은 흑색을 띠며, 몸 전체에서 광택이 납니다. 생김새는 왕사슴벌레 암컷보다 길쭉한 편입니다.

채집 방법의 노하우 (난이도 : ★)

* 어른벌레를 채집할 때

활엽수가 있는 잡목림이라면 어디에서든지 채집할 수 있고, 도시 주변의 숲에서도 채집할 수 있어요. 특히 수분이 풍부한 곳에 많이 있습니다. 몸이 넓적하고 납작해서 낮에는 나무껍질에 들어가서 숨어 있기도 하고, 참나무 수액이 흐르는 나무 밑의 낙엽이나 부엽토 속에 숨어 있기도 해요. 등화 채집으로도 잡을 수 있지만 많이 잡히는 편은 아닙니다.

* 애벌레를 채집할 때

애사슴벌레 다음으로 많이 채집되는 애벌레로서, 쓰러져 있는 썩은 나무뿌리나 축축하게 썩은 나무에서 쉽게 채집할 수 있습니다. 하지만 잘려 나간 참나무 뿌리에 사는 애벌레는 자라면서 수분이 많은 아래쪽으로 이동하기 때문에, 채집이 쉽지 않습니다.

큰턱이 길게 발달한 넓적사슴벌레 수컷

어떻게 살아갈까?

* 어른벌레는 어떻게 살까?

어른벌레는 2년 넘게 살기도 합니다. 어른벌레가 되어 활동하는 시기는 5~9월까지이며, 남부 지방에서는 10월이 지나도 발견됩니다. 넓적사슴벌레의 서식지는 얕은 참나무 동산이나 낮은산 주변의 잡목림이에요. 주로 밤에 참나무 수액을 먹기 위해 모이는데, 수컷은 가끔 낮에도 수액을 먹곤 합니다.

* 암컷과 애벌레는 어떻게 살까?

암컷이 산란하기 좋아하는 장소는 잘려 나간 참나무 뿌리 주변과, 참나무가 땅에 붙어 축축하고 검게 썩은 부위입니다. 애벌레는 자연 상태에서 약 1~2년 동안 지내고, 번데기방은 나무 안에 만들거나 나무 밖으로 나가 흙에서 만듭니다.

시기별 참나무 숲의 영역 다툼

넓적사슴벌레의 날개돋이 단계별 모습

1. 허물이 찢어져 등부터 갈라짐

2. 꿈틀거리며 번데기 허물을 벗음

3. 체액이 들어가 날개를 쫙 펴고 말림

4. 아직 마르지 않은 날개의 모습

5. 머리는 폈지만 몸이 덜 마른 상태

6. 다음 날, 전체적으로 색이 짙어짐

재미있게 키우는 방법 (난이도 : ★)

* 어른벌레 사육하기

어떠한 환경에도 매우 강하게 견디지만, 약간 축축한 상태가 좋아요. 수컷은 매우 난폭하므로 수컷끼리 사육하면 안 됩니다. 먹이를 먹을 때는 암컷도 공격하므로 주의해야 합니다.

* 알 받아 보기

산란용 매트는 발효가 많이 되어 검은색으로 변한 것이 좋으며, 축축하게 해 줘야 해요. 상수리나무나 졸참나무로 산란나무를 넣어 주면 산란나무뿐 아니라, 아래에 있는 매트에서도 산란합니다.

* 애벌레 사육하기

균사 사육으로도 키울 수 있지만, 질 좋은 발효 톱밥이 더 효과가 좋아요. 품질이 좋은 발효 톱밥을 적절하게 사용하면 80mm가 넘는 크기로도 자랄 수 있습니다. 발효 톱밥과 균사를 섞어 먹이면 대형 개체로도 키울 수 있으니 시도해 보세요.

넓적사슴벌레를 빼닮은
참넓적사슴벌레

학명 *Serrognathus consentaneus* (Albers, 1886)

넓적사슴벌레 수컷(충남, 2004)

채집된 초대형 참넓적사슴벌레 59mm 수컷
(충남, 2004)

● **넓적사슴벌레와 쌍둥이 사슴벌레?**

참넓적사슴벌레는 초보자들이 한눈에 구분하기 어려울 정도로 넓적사슴벌레와 매우 비슷하게 생겼어요. 하지만 자세히 보면 다른 점이 있습니다.

첫째, 넓적사슴벌레와 달리 소심하고, 개체 수도 적은 편입니다.

둘째, 넓적사슴벌레보다 시기적으로 조금 일찍 활동합니다.

셋째, 왕사슴벌레나 넓적사슴벌레가 사는 곳과 비슷한 곳에서 생활하지만, 암컷은 넓적사슴벌레보다 더 축축하고 덜 썩은 나무에서 산란합니다.

넷째, 넓적사슴벌레보다 애벌레를 채집하기가 더 어렵습니다.

참넓적사슴벌레 VS 넓적사슴벌레

	이마 방패	큰턱의 생김새	앞다리 종아리마디
참넓적사슴벌레	이마 방패의 가운데가 갈라져 있지 않다. 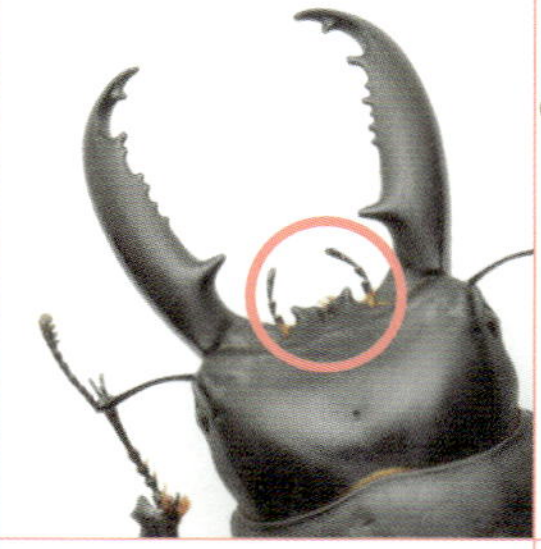	바깥쪽이 전체적으로 둥글며, 큰 내치 외에 작은 내치의 수가 넓적사슴벌레보다 적다. 	넓적사슴벌레보다 굽어 있는 편이다. 
넓적사슴벌레	이마 방패의 가운데가 뚜렷하게 갈라져 있다. 	직선으로 곧게 뻗어 있으며, 작은 내치가 참넓적사슴벌레보다 고르게 나 있다. 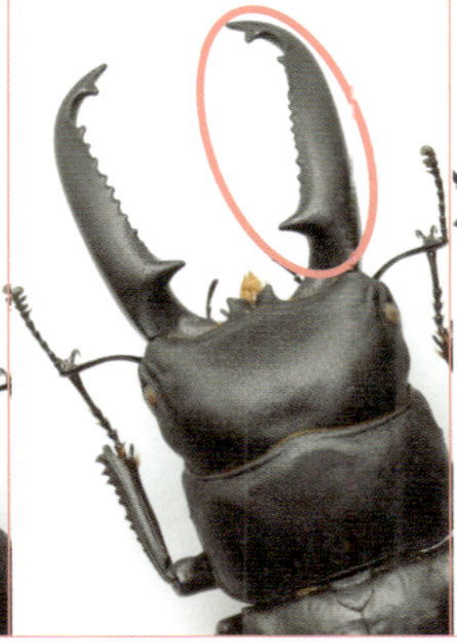	거의 직선으로 곧게 뻗어 있다. 

붉은색 다리가 매력적인
홍다리사슴벌레

국명 홍다리사슴벌레
학명 *Dorcus rubrofemoratus* chengpei (Li, 1992)
분포 한국, 중국 북동부, 러시아 동부
크기 수컷 23~58mm, 암컷 24~38mm
수명 1~2년
사육 난이도 ★★

홍다리사슴벌레의 '홍다리'는 무슨 뜻일까요? 말 그대로 '붉은색 다리'라는 뜻이에요. 어른벌레를 뒤집어 보면 수컷과 암컷 모두 넓적다리마디(퇴절)와 뒷가슴배판이 붉은색을 띠고 있어 쉽게 구별할 수 있기 때문입니다.

이렇게 겉모양만으로도 간단하고 쉽게 구별할 수 있고 기억하기 좋을 때, 이름(국명)을 잘 지었다고 할 수 있습니다. 산지성이라 큰 산 주변에서 많이 볼 수 있지만, 평지에서 거의 찾아볼 수 없습니다. 다리가 길어 나뭇가지 등에 잘 매달릴 수 있습니다.

홍다리사슴벌레 수컷

 ## 생김새와 특징이 궁금해!

✱ 수컷

몸은 전체적으로 흑색이며 약한 광택이 있습니다. 큰턱은 가는 편이고 길게 뻗어 있으며, 대형의 경우 끝부분에 3개의 내치가 있고, 소형의 경우 2개의 내치가 흔적만 남아 있습니다. 구별하기 쉬운 가장 큰 특징은 넓적다리마디와 뒷가슴배판이 붉은색이란 점입니다. 앞가슴등판의 아랫부분이 허리처럼 잘록한 모양으로, 애사슴벌레보다 더 움푹 들어가 있는 것이 특징입니다.

✱ 암컷

전체적으로 흑색이며 약한 광택이 있습니다. 수컷과 같이 넓적다리마디와 뒷가슴배판이 붉은색입니다. 마찬가지로 앞가슴등판이 허리처럼 움푹 들어간 모양이며, 애사슴벌레보다 더 각이 잡혀 있습니다.

수컷(강원, 2000) 48mm **실제 크기의 2배**

암컷(강원, 2003) 35mm

암컷의 배면(강원, 2003)

채집 방법의 노하우 (난이도 : ★★)

❋ 어른벌레를 채집할 때

어른벌레는 큰 산 주변에서 채집할 수 있어요. 산 주변의 낮은 곳에서부터 높은 곳까지 골고루 분포하고 있습니다. 많은 개체 수를 채집하고 싶다면 낮에 채집해 보는 것이 좋지만, 실패 확률이 높고 힘듭니다. 반면, 등화 채집을 하면 쉽게 채집할 수 있지만 많이 채집하기는 어렵습니다. 수컷의 경우 50mm가 넘는 대형 개체는 채집하기가 어려워요.

❋ 애벌레를 채집할 때

애벌레는 큰 산 주변에 있는 활엽수의 죽은 뿌리를 공략하면 쉽게 채집할 수 있어요. 산 정상 부근에서 잘 썩은 큰 뿌리를 찾으면 수십 마리를 채집하기도 합니다. 애벌레를 채집하다 보면 번데기방에 있는 어른벌레도 많이 채집할 수 있지만, 대형 개체를 발견하기는 쉽지 않습니다.

어떻게 살아갈까?

사이좋은 홍다리사슴벌레 한 쌍의 모습

❋ 어른벌레는 어떻게 살까?

어른벌레의 수명은 약 1~2년입니다. 산지성 사슴벌레이지만 낮은 산에서도 서식하고 있습니다. 어른벌레의 활동 기간은 6~9월입니다. 주로 낮에 버드나무, 오리나무 같은 활엽수 가지에 상처를 내서 즙액을 먹고, 나무 한 그루에 수십 마리가 함께 모여 있기도 합니다. 비교적 비행 능력이 좋아 가로등 주변에도 잘 날아와서 등화 채집으로 채집하기 쉬운 편입니다.

❋ 암컷과 애벌레는 어떻게 살까?

암컷은 죽은 활엽수의 뿌리 중 부드럽게 썩은 부위에 산란해요. 애벌레로 지내는 기간은 약 1~2년이고, 번데기방은 나무 속에 만듭니다.

재미있게 키우는 방법 (난이도 : ★★)

✽ 어른벌레 사육하기

온도는 25도 내외로 맞춰 주는 것이 좋으며, 여름철에 서늘한 곳에서 키워야 합니다. 수컷이 암컷보다 작은 개체가 많이 채집되는데, 수컷의 크기에 관계없이 암수가 짝짓기 한 뒤에는 늘 같이 붙어 있을 정도로 금실이 좋은 것이 특징입니다.

✽ 알 받아 보기

너무 단단하거나 부드럽지 않은 중간 상태의 산란나무를 이용해서 매트에 반쯤, 또는 완전히 묻어 두면 쉽게 알을 받을 수 있어요.

✽ 애벌레 사육하기

온도가 높으면 좋지 않지만, 민감하지는 않습니다. 발효 톱밥이나 균사 사육으로 실내에서 키우면 6~7개월 만에 어른벌레가 됩니다. 균사 사육을 할 경우, 수컷은 850cc 정도, 암컷은 500cc 정도면 어른벌레로 우화해요.

홍다리사슴벌레 수컷

홍다리사슴벌레 암컷

온몸에 털이 귀여운
털보왕사슴벌레

국명 털보왕사슴벌레
학명 *Dorcus koreanus* Jang & Kawai, 2008
분포 한국
크기 수컷 15~25mm, 암컷 13~19mm
수명 1~2년
사육 난이도 ★★

2008년 새로 기록된 종으로 제주뿔꼬마사슴벌레와 더불어 우리나라에만 사는 특산종이에요. 온몸에 황색 털이 매우 무성하게 나 있으며, *Dorcus* 속 중에서 가장 크기가 작은 사슴벌레입니다. 그 서식지가 매우 한정되어 있기 때문에 서식지 보호가 필요한 종이랍니다.

털보왕사슴벌레

털보왕사슴벌레와 매우 유사하게 생긴 꼬마왕사슴벌레 종들은 동남아시아에서 우리나라에 걸쳐 여러 종이 살고 있는데, 그중 털보왕사슴벌레는 큰턱이 앞으로 뻗어 있고 내치가 앞쪽으로 뻗지 않은 점으로 다른 꼬마왕사슴벌레 종들과 구별할 수 있습니다.

비슷한 종으로는 일본에 분포하는 일본털보왕사슴벌레(*Dorcus japonicus*) 대만의 대만털보왕사슴벌레(*Dorcus carinulatus*) 등이 있고, 털보왕사슴벌레는 수컷 큰턱의 기부에 나 있는 돌기로 쉽게 구별이 가능합니다.

# 생김새와 특징이 궁금해!

＊ 수컷

몸 전체가 붉은색을 띠는 흑색이며, 넓적한 느낌입니다. 온몸이 황색의 털로 덮여 있습니다. 앞날개에는 그 털들이 줄을 이루고 있으며, 그 사이에는 점열이 있습니다. 수컷의 큰턱은 앞으로 뻗어 있으며, 그 기부에 돌출된 돌기가 있습니다.

＊ 암컷

암컷도 수컷과 마찬가지로 몸 전체에 황색 털이 있으며, 붉은색을 띠는 흑색의 몸을 가지고 있습니다. 큰턱의 앞부분은 뾰족하며, 입술 방패는 뾰족한 편입니다.

＊ 원모식 표본은 가장 먼저 지정된 표본, 부모식 표본은 원모식 표본의 그 외의 것의 표본

수컷(전남, 2006) 18mm 원모식 표본(Holotype) 실제 크기의 3배   암컷(전남, 2006) 16mm 부모식 표본(Paratype) 실제 크기의 3배

# 채집 방법의 노하우 (난이도 : ★★★)

＊ 어른벌레를 채집할 때

서식지가 매우 한정되어 있고, 그 수가 점점 줄어들고 있어 채집하기가 어렵습니다. 주로 활엽수 고목이 많은 사찰 주변에 살고 있고, 수액이 흐르는 참나무들을 살펴보면 채집할 수 있습니다. 불빛에 날아오기도 하지만, 그 수가 많지 않습니다.

＊ 애벌레를 채집할 때

어른벌레가 채집된 곳 주변의 썩은 활엽수 나무 등에서 채집이 가능하지만, 채집하기가 쉽지 않습니다.

어떻게 살아갈까?

국내에 그 분포지가 한정되어 있기 때문에 서식지를 꼭 보호해야 하는 종입니다. 6~9월에 활엽수 고목이 많은 사찰 주변의 수액이 흐르는 참나무에 모여 있습니다. 애벌레는 주로 썩은 팽나무 또는 참나무 등에서 많이 발견됩니다.

재미있게 키우는 방법 (난이도 : ★★)

* 어른벌레 사육하기

채집은 어렵지만, 키우는 과정은 매우 쉽습니다. 왕사슴벌레와 비슷한 사육 환경을 꾸며 주면 꽤 많이 산란을 받을 수 있어요. 먹이를 먹을 때 곤충젤리 껍질 속으로 들어가는 경우도 있으니 주의해야 합니다. 산란목에 작은 가루 등이 나와 있으면 산란에 성공한 것입니다.

* 알 받아 보기

상수리나무, 졸참나무 등 무른 산란나무를 매트에 반쯤 묻어 두면 알을 많이 낳는 편입니다. 산란 매트는 검게 잘 썩은 것을 사용하면 좋습니다.

* 애벌레 사육하기

발효 톱밥이나 균사 사육으로 우화할 수 있으며, 사육 온도는 25도 내외로 유지해야 됩니다. 대략 5~6개월이면 우화하고, 크기가 작고 먹는 양도 많지 않기 때문에 암수 모두 100~200cc 정도의 푸딩 컵 정도면 우화하는 데 충분합니다.

털보왕사슴벌레 애벌레

털보왕사슴벌레 수컷 번데기

썩은 팽나무에서 발견된 털보왕사슴벌레 수컷(전남, 2006)

오래된 원시림에서 발견되는 작은 왕사슴벌레
엷은털왕사슴벌레

국명 엷은털왕사슴벌레
학명 *Dorcus tenuihirsutus* Kim & Kim, 2010
분포 한국, 중국 동북부
크기 수컷 17~22mm, 암컷 15~19mm
수명 1~2년
사육 난이도 ★★

가장 최근에 기록된 국내 사슴벌레의 신종이나, 일본의 학자 마수이(Masui, 1942)에 의해 남방왕사슴벌레(D. *veluntinus*)로 처음 보고되었어요. 1998년 대만왕사슴벌레(D. *taiwanicus*)로 다시 수정 보고되었으나 이후 연구에 의해 대만에 분포하는 대만왕사슴벌레와는 다른 신종으로 기록되었지요. 다만 털보왕사슴벌레와 달리 분포가 한정적이지 않고 중국 북동부를 비롯한 국내 여러 곳에서 발견되는 편이에요.

엷은털왕사슴벌레 수컷과 암컷(강원도산, 개체 사육)

생김새와 특징이 궁금해!

✻ 수컷

수컷의 몸은 전체적으로 검은색 또는 붉은 갈색입니다. 몸에 털 뭉치가 나 있는데 털보왕사슴벌레에 비해서 앞날개의 털뭉치 줄이 엷은 편입니다. 털보왕사슴벌레와 달리 왕사슴벌레처럼 큰턱 끝부분에 이빨이 나 갈라져 있는 것과 입술 방패가 납작한 것으로 쉽게 구별할 수 있습니다. 다만 소형 수컷에서는 이 끝부분의 이빨이 작아서 덜 갈라져 보이기 대문에 주의해야 해요.

엷은털왕사슴벌레 수컷

✻ 암컷

암컷의 전체적인 형태와 색은 수컷과 비슷하나 날카롭고 짧은 큰턱을 가지고 있습니다. 털보왕사슴벌레 암컷에 비해 두꺼운 종아리 마디와 끝부분이 납작한 입술 방패로 구별할 수 있습니다.

채집 방법의 노하우 (난이도 : ★★★★)

✻ 어른벌레를 채집할 때

자연이 오랫동안 잘 보호된 큰 산지 주변에서 발견되는데 주로 수액이 흐르는 오래된 참나무 고목에서 발견되기도 합니다. 다만 크기가 아주 작기 때문에 세심하게 주변을 둘러봐야 하며, 나무 틈 사이에 숨어 있으면 구별이 어려워서 채집하기가 쉽지 않습니다. 강원도에서는 등화 채집을 통해 성충이 다소 채집된 적 있습니다.

✻ 애벌레를 채집할 때

애벌레는 참나무 등의 썩은 활엽수에서 발견되는데 홍다리사슴벌레 애벌레와 성충이 채집되는 곳에서 같이 발견되곤 합니다.

 ## 어떻게 살아갈까?

＊ 어른벌레는 어떻게 살까?

어른벌레는 오랫동안 잘 보존된 산지의 활엽수림에 서식하며, 밤에만 활동을 합니다. 전라도 지방의 오래된 참나무 고목의 수액이 흐르는 껍데기 사이에서 성충이 발견됐습니다. 어른벌레는 주로 7~8월에 활동하며, 수명은 1~2년 정도입니다. 강원도, 경기도, 전라도 등 전국에서 발견이 되었으며, 중국 북동부에도 살고 있습니다.

엷은털왕사슴벌레
수컷 3령 애벌레
(강원도, 개체 사육)

＊ 암컷과 애벌레는 어떻게 살까?

암컷은 죽은 참나무 고목 뿌리 주변의 축축하고 딱딱한 곳에 산란합니다. 애벌레의 기간은 약 1~2년이며, 여름철에 번데기방에서 우화한 어른벌레는 활동을 하지 않고 다음 여름에 활동을 합니다.

 ## 재미있게 키우는 방법 (난이도 : ★★★)

＊ 어른벌레 사육하기

왕사슴벌레와 비슷한 사육 환경을 꾸미면 산란을 비교적 쉽게 할 수 있어요. 곤충 젤리를 주면 너무 깊어서 빠져 죽는 경우도 있으니 젤리를 바닥에 덜어 주거나 아니면 잘라 주는 것을 추천합니다. 크기가 큰 사육통보다는 작은 사육통을 사용하는 것이 사육 관리에 유리합니다.

＊ 알 받아 보기

상수리나무 등의 무른 산란나무를 매트에 반쯤 묻히면 알을 많이 낳는 편입니다. 산란 매트는 검게 잘 발효된 것을 쓰면 좋습니다.

＊ 애벌레 사육하기

발효 톱밥이나 균사 사육으로 우화할 수 있으며, 사육 온도는 25도 내외로 유지해 줍니다. 대략 6~7개월이면 우화하고, 크기가 작고 먹는 양도 많지 않기 때문에 암수 100~200cc 정도의 푸딩 컵 정도면 우화하는 데 충분합니다.

 **곤충 지식 플러스**

Q 일본에서는 장수풍뎅이와 사슴벌레를 주인공으로 한 만화 영화와 카드 게임, 장난감과 책들이 많이 발매되고, 어린이들 사이에서 폭발적인 인기를 끌고 있어요. 우리나라도 사슴벌레와 장수풍뎅이를 좋아하는 어린이들이 점점 늘어나고 있는데, 이렇게 국내외를 막론하고 사슴벌레와 장수풍뎅이에 열광하는 이유는 무엇일까요?

A 사슴벌레와 장수풍뎅이의 거칠고 강한 모습이 멋있기 때문이 아닐까요? 사슴벌레와 장수풍뎅이는 다른 곤충들보다 단단하고 강한 외골격을 가지고 있어요. 딱정벌레 중에서도 가장 덩치가 크고, 큰뿔과 큰턱이 잘 발달되어 다른 곤충들을 위협하곤 하지요. 그래서 이 곤충들 중 최강자를 가리기도 합니다. 세계 곤충의 최강자는 무엇인지 뒤에서 알려줄게요.

왕사슴벌레의 축소판
꼬마넓적사슴벌레

국명 꼬마넓적사슴벌레
학명 *Aegus subnitidus subnitidus* Waterhouse, 1873
분포 한국, 일본
크기 수컷 13~33mm, 암컷 14~27mm
수명 1~3년
사육 난이도 ★★★

우리나라와 일본에 분포하며, 많지는 않지만 최근에도 계속 채집되는 종입니다. 꼬마넓적사슴벌레는 크기가 작지만 생김새는 왕사슴벌레의 축소판 같습니다. 대형턱을 가지고 있는 모양도 비슷해요. 그래서 사슴벌레 전문가들에게 매우 인기 있는 종입니다. 우리나라에서는 주로 남부 지방과 제주도 등지에서 채집됩니다.

 **생김새와 특징이 궁금해!**

* 수컷

몸 전체가 흑색이고, 앞날개에는 광택과 깊게 파인 줄이 있습니다. 큰턱의 끝부분은 왕사슴벌레처럼 안쪽으로 휘어져 있고, 그 안에 두 개의 내치가 있어요.

* 암컷

몸이 흑색이며, 앞날개에 꺼칠꺼칠한 점열이 있어 수컷보다 광택이 적습니다. 점열에 흙 등이 묻어 있어 엷은 갈색으로 보이기도 해요.

수컷(경남, 2020) 24mm **실제 크기의 2배**

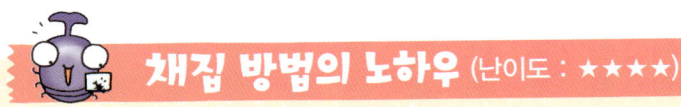# 채집 방법의 노하우 (난이도 : ★★★★)

✱ 어른벌레를 채집할 때

참나무 주변에서 질척질척한 발효 수액을 찾는다면 채집할 수 있지만, 서식지가 일정한 지역에만 분포되어 있어서 채집하기가 그리 쉽지 않습니다. 지금은 남부 지방에서만 발견이 되며, 한곳에 모여 있기 때문에 한 마리를 발견하면 주변에서 또 다른 벌레들도 찾을 수 있습니다. 비행 능력이 떨어져 등화 채집법으로는 채집이 잘 되지 않아요.

✱ 애벌레를 채집할 때

침엽수가 쓰러져 썩어서 된 흙 속에서 살아요. 적송 등의 침엽수 혹은 대나무의 부식토에서 주로 발견하는데, 특히 흰개미들이 적송의 썩은 뿌리 쪽에 집을 지으면서 만들어 낸 가루가 썩은 곳에서 채집할 수 있습니다.

# 어떻게 살아갈까?

✱ 어른벌레는 어떻게 살까?

평지나 낮은 산지의 활엽수림 등 일정한 지역에만 분포해 있고, 이동성이 적어서 쉽게 발견하기 어려워요. 어른벌레는 겨울을 날 수 있고, 수명은 약 1~3년입니다. 어른벌레는 약 6~9월 사이에 활동하고 상수리나무 등 많이 발효된 질척질척한 수액에 모여 삽니다. 숨어 있는 것을 좋아하여 작은 구멍이나 나무껍데기 사이에서 살고, 비행 능력이 떨어져서 멀리 이동하지는 못합니다.

✱ 암컷과 애벌레는 어떻게 살까?

암컷은 산란할 때 완전히 썩어서 흙처럼 된 적송이나 대나무의 부식토를 이용합니다. 애벌레는 나무가 쓰러져 썩어서 된 흙에서 많이 발견됩니다. 애벌레는 약 6~7개월이 지나면 번데기가 되고, 다른 사슴벌레와는 달리 꽃무지처럼 흙으로 고치를 만든 뒤 그 안에서 번데기로 살아갑니다.

재미있게 키우는 방법 (난이도 : ★★★)

✱ 어른벌레 사육하기

수컷끼리는 따로 사육하는 것이 좋습니다. 겨울에는 매트를 깊게 깔아 주고 너무 마르지 않게 해 줍니다. 또한 건조하거나 고온다습하지 않게 유지해 줘야 합니다. 질척질척한 환경을 좋아하므로, 한 마리씩 푸딩 컵에 담고 티슈에 물을 적신 뒤 매트 대신 깔아 주는 방법도 있어요.

✱ 알 받아 보기

매트에만 산란하기 때문에 산란나무는 따로 필요하지 않습니다. 일반 발효 톱밥에는 산란하지 않으므로 전용 매트를 만들어야 알을 많이 받을 수 있어요. 하지만 일단 성공하면 장수풍뎅이처럼 많이 알을 받을 수 있습니다.

매트가 알맞게 준비되면 한 마리 암컷이 약 30~50마리의 알을 낳을 수 있습니다. 알이나 애벌레는 아주 작고 약하기 때문에, 진드기와 선충 등의 공격을 막기 위해 햇볕에 건조시켜서 산란하기 전에 한 번쯤 살균해 주는 것이 좋습니다. 전자렌지 등 열로 살균하는 방법은 매트를 변형시키고 유익한 균을 죽이게 되므로 햇볕으로 자연 살균하는 것을 가장 추천합니다.

꼬마넓적사슴벌레 전용 매트 제작법 애벌레가 먹고 난 발효 톱밥을 체로 걸러서 아주 고운 입자들만 모아 수분을 적당히 넣어 주어요. 더 발효시켜 흙과 같은 상태가 되면 적당한 매트가 됩니다.

✱ 애벌레 사육하기

다른 사슴벌레와 달리 서로 공격하는 일이 거의 없기 때문에 알을 받은 채로 매트를 채워 주고 어른벌레가 될 때까지 사육을 해도 괜찮아요. 애벌레의 매트는 산란한 매트를 그대로 이용하면 됩니다. 온도 변화에는 크게 영향을 받지 않는 편이며, 25도 내외로 온도를 유지시켜 줍니다. 따로 사육할 때는 120cc 정도의 푸딩 컵에서 충분히 우화할 수 있으며, 대형 수컷일 경우 한 번 정도 매트를 바꿔 주도록 합니다.

 **곤충 지식 플러스**

Q 바위산에도 사는 사슴벌레가 있다고 하던데 어떤 종류이며, 특징은 무엇일까?

A 특이하게 생긴 큰턱과 둥근 몸, 이상하게 굽어 버린 앞다리를 지닌 둥글사슴벌레입니다. 강한 턱과 우람한 몸, 그리고 아름다운 형태를 지닌 대부분의 사슴벌레와 생김새가 너무 달라서 '돌연변이 사슴벌레'라고 불려요. 둥글사슴벌레는 남아프리카 공화국 케이프주 산맥의 바위산에서 주로 서식하는데, 뒷날개가 퇴화해서 이동 능력도 떨어지고 서식지의 특성상 다른 사슴벌레들과 격리되어 근친 교배로 진화되어 왔다고 전해집니다.

1930년대까지만 해도 세상에 알려지지 않은 희귀한 사슴벌레였으나, 지금은 총 16종이 있다고 기록되어 있습니다. 하지만 이 곤충이 무엇을 먹고, 애벌레는 어떻게 살아가는지 아직 정확히 알려지지 않았습니다. 단, 애벌레는 작은 식물의 뿌리 주변에 있는 흙을 먹을 것이라고 추측하고, 어른벌레는 흙 속의 구멍에 있다가 기온이 약 15~20도일 때 안개 속에서 수분을 얻을 수 있을 경우에만 활동한다고 추측합니다.

생태가 특이하고 희귀한 종인만큼 전 세계 수집가들에게 매우 비싼 가격에 거래되고 있습니다. 그래서 서식지인 남아프리카에서는 무분별한 채집과 반출을 막기 위해 1992년부터 법으로 채집을 금하고 있고, 2000년에는 둥글사슴벌레 전종이 워싱턴 협약(CITES)에 등재되어 국제적으로 보호를 받고 있습니다.

이자르디둥글사슴벌레(1998)

하우토니 둥글사슴벌레(1995)

투구를 쓴 전사처럼 보이는
사슴벌레

국명 사슴벌레
학명 *Lucanus dybowski dybowski* Parry, 1873
분포 한국, 중국 북동부, 러시아 시베리아 동부
크기 수컷 30~71mm, 암컷 23~42mm
수명 2~3개월
사육 난이도 ★★★

도시 한가운데나 집 근처에서 찾아보기 힘들다고 해서 개체 수가 적거나 희귀한 사슴벌레는 아닙니다. 다만, 기온이 낮은 산에서만 서식하므로 주변에서 쉽게 보기 힘든 것뿐이에요. 사슴벌레는 여름에 강원도 산에서는 가장 흔히 볼 수 있는 사슴벌레 중 하나입니다. 남부 지방의 산 주변에서도 서식하며 약한 불빛에도 잘 날아오는 편이라 여름에 산이나 계곡에서 가로등 주위를 살펴본다면 많이 찾을 수 있을 것입니다.

예전에는 생김새 때문에 '투구사슴벌레'라고 불렀고, 일본에 살고 있는 종의 아종으로 여겨졌으나 최근 연구에 의해 별도의 종으로 구별되었습니다.

서로 경계 태세를 취하고 있는 사슴벌레 수컷들

# 생김새와 특징이 궁금해!

* 수컷

머리에 투구를 쓴 듯한 모양으로, 머리가 앞쪽에서 뒤로 튀어나와 있습니다. 몸 전체가 적갈색이며 넓적다리마디에 황갈색 털이 있는 것이 특징이에요. 새로 우화한 지 얼마 안 된 개체는 몸 전체에 미세한 금색 털이 나 있지만, 활동하면서 점점 떨어져 나갑니다. 큰턱은 안쪽으로 강하게 휘어져 있고, 안쪽에 여러 개의 뭉뚝한 내치가 있으며, 끝부분은 양 갈래로 나누어져 있어요. 소형종은 큰턱의 변이가 심하며, 내치가 작아지고 개수가 줄어들어 머리의 투구도 작습니다.

* 암컷

전체적으로 적갈색 또는 흑색을 띠며, 넓적다리마디에 황색 털이 나 있습니다. 배 부분에는 털이 없지만, 등 부분에는 수컷처럼 미세한 금색 털이 나 있습니다. 머리는 앞가슴등판에서 직선으로 돌출되어 있어요.

수컷 대형턱(강원, 2000) 68mm

수컷 소형턱(강원, 2004) 48mm

수컷 중형턱(경기, 2004) 55mm

암컷(경기, 2004) 38mm

채집 방법의 노하우 (난이도 : ★★)

✽ 어른벌레를 채집할 때

밤에 수액이 나오는 참나무에서 채집합니다. 하지만 고도가 높은 산지에서 서식하므로, 좋은 채집 방법은 불빛으로 개체를 유인해서 잡는 거예요. 암컷은 비행 능력이 좋고 불빛에도 민감해 다른 사슴벌레보다 많이 잡을 수 있습니다.

✽ 애벌레를 채집할 때

고산지에서 잘려 나간 참나무의 축축하고 썩은 뿌리를 공략하거나, 썩은 나무 밑의 부엽토층을 찾아 내면 채집할 수 있습니다.

어떻게 살아갈까?

다른 수컷을 번쩍 들어 올린 사슴벌레 수컷

✽ 어른벌레는 어떻게 살까?

높은 산이 많은 곳 주위에 사는 산지성 사슴벌레입니다. 여름에 활동한 어른벌레는 겨울을 나지 않으며, 수명은 약 2~3개월입니다. 6~9월에 활동하며, 7월 초에서 중순 사이에 가장 많이 볼 수 있어요. 낮에도 활동을 하지만, 밤이 되면 불빛을 향해 잘 날아오므로 산지 주변의 가로등에서 많이 찾아 볼 수 있습니다.

✽ 암컷과 애벌레는 어떻게 살까?

암컷은 썩은 참나무의 뿌리나 부엽토층에서 알을 낳습니다. 애벌레는 1~2년 지나면 나무 밖으로 나가 흙 속에서 번데기방을 만듭니다.

등화 처집에 날아온 대형 사슴벌레 수컷(경기도, 2004)

성이 난 소형 사슴벌레 수컷

재미있게 키우는 방법 (난이도 : ★★★)

✶ 어른벌레 사육하기

자기 성질에 못 이겨 뒤집힐 정도로 매우 난폭한 성격을 지니고 있습니다. 수명이 짧고 고온에 매우 약하므로 여름철에는 관리하기 쉽지 않아 키우기 어려워요. 하지만 온도 조절만 잘한다면 어렵지 않습니다. 따라서 여름에는 아이스박스 안에 얼음을 넣거나 에어컨을 이용하여 25도 이하로 온도를 유지해 주어야 합니다. 다혈질의 성격을 가지고 있어서 따로 수컷을 분리해 주는 것이 좋고, 빛이 사육 케이스에 들지 않도록 막아 주어야 합니다. 빛을 보게 되면 흥분하여 체력을 소모하는 일이 생길 수도 있기 때문이지요. 채집하여 사육할 때에는 수명이 짧아지기 때문에 빨리 산란 세팅을 해 주도록 합니다.

✶ 알 받아 보기

산란 세팅을 잘해 줘도 수명이 짧아 일찍 죽거나 산란에 실패할 확률이 높습니다. 입자가 고운 부엽토를 바닥에 3cm 정도 꽉꽉 눌러 깔아 주고, 그 위에 5cm 이상의 부엽토나 잘 썩은 발효 톱밥을 깔아 줍니다. 온도는 약 18~20도로 유지해 주는 것이 좋으며, 20도를 넘는 온도에서는 산란에 실패할 확률이 매우 높아요. 매트에 산란하기 때문에 꼭 산란나무를 넣을 필요는 없지만, 적당한 산란나무를 넣어 주는 것이 산란율을 높이는 데에는 좋습니다.

짝짓기 준비 중인 암수 사슴벌레들

✶ 애벌레 사육하기

부엽토 80%와 발효 톱밥 20%를 이용하되, 될 수 있으면 고운 입자와 축축한 수분을 유지시켜 줘야 합니다. 25도 이하에서 키우는 것이 좋으나, 저온에서 키우면 어른벌레가 되는 데 2년 넘게 걸리기도 합니다. 애벌레끼리 서로 공격하여 죽이는 일이 적어 2령 애벌레까지는 같이 키워도 괜찮지만, 그 후에는 따로 사육하는 것이 좋아요.

여기서 잠깐!

사슴벌레가 산란하는 데 좋은 3가지 조건

첫째, 18~20도 정도의 온도를 유지할 것
둘째, 매트의 입자를 곱게 할 것
셋째, 매트를 약간 축축하게 만들어 줄 것

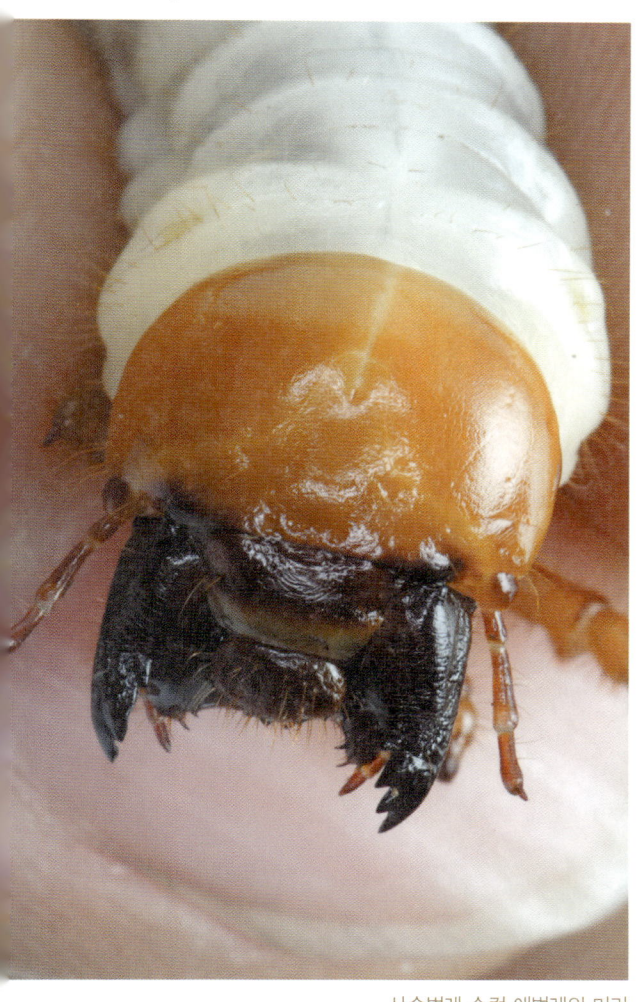

사슴벌레 수컷 애벌레의 머리

사슴벌레 애벌레의 엉덩이

포악하고 사나운 성격을 지닌
톱사슴벌레

국명 톱사슴벌레
학명 *Prosopocoilus inclinatus inclinatus* (Motschulsky, [1858])
분포 한국, 일본
크기 수컷 26~70mm, 암컷 25~37mm
수명 3~6개월
사육 난이도 ★

우리나라에서 애사슴벌레, 넓적사슴벌레와 함께 가장 쉽게 볼 수 있는 사슴벌레 중 하나입니다. 이름처럼 수컷은 톱같이 생긴 큰턱을 가지고 있으며, 크기가 70mm인 대형 개체가 나오기도 해요. 생김새가 특이하고 성격이 매우 포악합니다. 큰턱의 모양과 색상 때문에 '쇠스랑집게', '불쏘시개' 같은 이름으로 불리기도 합니다. 이처럼 독특한 모양과 불 같은 성격 때문에 어린 아이부터 어른까지 두루 인기 있는 종입니다. 하지만 수명이 짧고 성격만큼 힘이 세지도 않아 실망하기도 합니다.

톱사슴벌레 수컷

생김새와 특징이 궁금해!

* **수컷**

몸은 흑갈색과 붉은색을 띱니다. 가끔 진한 흑색을 띠는 개체도 있습니다. 대형 개체는 큰턱이 아래로 길게 휘어져 있으며 내치가 가운데에서부터 끝으로 톱니처럼 많이 나 있는 것이 특징입니다. 소형 개체는 큰턱이 아래를 향하지 않고 앞으로 뻗어 있으며, 큰턱 안쪽 전체에 작고 뾰족한 내치들이 나 있습니다.

* **암컷**

몸 전체가 적갈색 또는 흑색이며, 뚱뚱한 편이고, 타원형의 형태입니다.

수컷 대행턱(경기, 2000) 68mm 실제 크기의 1.5배

수컷 중행턱(경기, 2000) 50mm
실제 크기의 1.5배

암컷(경기, 2003) 33mm
실제 크기의 1.5배

채집 방법의 노하우 (난이도 : ★)

* 어른벌레를 채집할 때

밤에 수액이 나오는 상수리나무나 졸참나무에서 채집할 수 있어요. 낮에도 참나무 위에서 쉬고 있기 때문에 나무를 발로 차서 충격을 주면 어른벌레가 놀라서 떨어지기도 합니다. 불빛에도 아주 민감하고 이동성이 좋아 가로등이나 등화법으로도 많이 채집할 수 있습니다. 썩은 고목의 뿌리 주변을 파다 보면 번데기방에서 새로 우화한 어른벌레를 채집할 수도 있지만 쉽지 않습니다.

* 애벌레를 채집할 때

잘려 나간 참나무의 축축한 썩은 뿌리를 모종삽이나 큰 삽으로 파 보세요. 다른 종보다 무리지어 활동하기 때문에 애벌레가 한 마리 발견되면 뿌리 주변에서 수많은 애벌레들을 채집할 수 있어요.

어떻게 살아갈까?

* 어른벌레는 어떻게 살까?

저지대와 저산지의 활엽수가 있는 잡목림에서 많이 살며, 6~9월까지가 활동하는 시기입니다. 주로 밤에 활동하지만, 낮에도 나무 위에서 쉬거나 활동을 합니다.

* 암컷과 애벌레는 어떻게 살까?

암컷은 죽은 참나무의 뿌리나 쓰러져서 흙에 묻힌 참나무에서 산란을 합니다. 애벌레는 썩은 나무를 먹고 자라며 습기가 많은 곳을 좋아합니다. 번데기방은 나무 밖으로 나와 흙 속에 만들어요. 우화한 뒤, 그 해는 번데기방에서 지내며 다음 해 초여름에 활동하기 시작하지요.

옆에서 본 톱사슴벌레 수컷

싸움을 벌이는 톱사슴벌레 수컷들

큰턱을 이용하여 싸우는 모습

 재미있게 키우는 방법 (난이도 : ★)

＊ 어른벌레 사육하기

어른벌레를 사육할 때에는 약간 축축하게 해 주는 것이 좋습니다. 늦여름에 새로 우화한 개체는 먹이를 먹지 않고, 그대로 월동하여 다음 해 초여름에 활동하기 시작합니다. 수컷은 성격이 포악하여 따로 사육해야 해요.

＊ 알 받아 보기

발효가 많이 된 매트나 부엽토를 축축하게 해 주면 매트에 산란을 많이 합니다. 매트에 산란하기 때문에 꼭 산란나무를 넣을 필요는 없으나, 적당하게 산란나무를 넣어 주면 산란율이 더욱 높아져요.

＊ 애벌레 사육하기

다른 애벌레들보다 수분의 비율을 높여 축축하게 해 주는 것이 좋습니다. 봄이나 초여름에 일찍 우화한 개체는 그 해 여름에 활동하지만, 가을이나 온도가 낮을 때 우화한 개체는 먹이를 먹지 않고 다음 해에 활동하므로 우화하는 시기를 잘 파악해야 해요.

또 하나의 톱사슴벌레
두점박이사슴벌레

학명 *Prosopocoilus blanchardi* (Parry, 1873)

● **왜 '두점박이'라고 부를까?**

톱사슴벌레와 생태 습성과 사육법은 같지만, 암수 모두 앞가슴등판의 양쪽에 대칭으로 검은 반점이 뚜렷하게 있어 '두점박이사슴벌레'라고 부릅니다.

● **어디에서 살고 있을까?**

우리나라에서는 제주도에만 사는 종이며, 현재는 환경부 보호종으로 등록되어 있습니다. 제주도에서는 넓적사슴벌레나 애사슴벌레 다음으로 많이 보여요. 5~9월까지 주로 저지대에 많이 분포합니다.

암컷은 썩은 활엽수의 뿌리에 산란하며, 애벌레는 팽나무의 썩은 뿌리에서 발견되기도 합니다.

동남아 등지에도 분포하는데, 같은 종의 생태나 개체 수로 보아 환경에 민감하거나 특별한 생태 조건을 가진 것 같지 않습니다. 대만에서는 가장 흔한 사슴벌레 중 하나입니다.

두점박이사슴벌레 암컷

● **어떻게 생겼을까?**

수컷 앞가슴등판 양쪽에 검은 반점이 있으며, 우화한 뒤에는 전체적으로 밝고 연한 노란색을 띠다가 점점 밝은 적갈색이나 붉은색으로 변합니다. 톱사슴벌레와 달리, 수컷의 큰턱은 대형이어도 아래로 크게 굽지 않으며, 큰턱의 시작 부분에 큰 내치가 있고 끝부분에는 작은 내치들이 나 있어요. 수컷의 머리 가운데 양쪽에서 안쪽으로 솟은 돌출 부위가 2개 있는 것이 특징입니다.

수컷(제주, 1999) 60mm

암컷 암컷도 수컷처럼 앞가슴등판 양쪽에 검은 탄점이 있습니다. 몸의 형태는 전반적으로 타원형을 띠며 둥근 편입니다.

다정한 암수

나무에 매달려 있는 수컷

두점박이사슴벌레 암컷

두점박이사슴벌레 소형 수컷

늦여름 산속의 친구
다우리아사슴벌레

국명 다우리아사슴벌레
학명 *Prismognathus dauricus* (Motschulsky, 1860)
분포 한국, 중국 북동부, 러시아 시베리아 동부, 일본 대마도
크기 수컷 20~38mm, 암컷 20~26mm
수명 1개월 내외
사육 난이도 ★★★

전국적으로 큰 산 근처에서 다우리아사슴벌레 애벌레가 가장 많이 채집 됩니다. 또한 도시 주변의 산에서도 다우리아사슴벌레는 쉽게 채집할 수 있어요. 수명은 매우 짧지만, 몸의 금속 광택과 턱의 생김새가 꽤 매력이 있습니다.

일본에서는 대마도에서만 채집이 되며, 일본 본토에서 채집되는 *P. angularis*와 더불어 '귀신사슴벌레'라고 불립니다.

동남아시아의 황금다우리아사슴벌레와 형태가 매우 비슷한데, 금속 광택이 나는 몸의 형태와 생태를 보면 조상이 같지 않은지 의심해 볼 만합니다.

다우리아사슴벌레 수컷

생김새와 특징이 궁금해!

✱ 수컷

몸 전체가 적갈색을 띠지만, 약간 녹색을 띠는 개체도 있습니다. 큰턱은 톱니 같은 내치를 가지고 있으며, 앞으로 갈수록 위로 솟아 있고 그 끝은 갈라집니다. 눈 가의 돌기는 양쪽 머리로 뾰족하게 튀어나와 있어요.

✱ 암컷

흑갈색 또는 흑색이며, 수컷보다 광택이 강한 편입니다. 큰턱은 끝이 날카로우며, 몸은 전체적으로 길쭉해요. 머리 윗부분에 역삼각형으로 움푹 파인 자국이 있습니다.

수컷(경기도, 1999) 36mm 실제 크기의 2배

암컷(강원도, 2005) 22mm 실제 크기의 2배

 ## 채집 방법의 노하우 (난이도 : ★★)

＊ 어른벌레를 채집할 때

해발 500m 내외의 산지에 서식하나, 강원도에서는 저지대에서도 분포합니다. 늦여름에 수액에 모이기도 하지만, 산지의 가로등을 이용하거나 등화 채집으로 쉽고도 많이 채집할 수 있습니다.

다우리아사슴벌레 수컷의 번데기

＊ 애벌레를 채집할 때

남부 지방에서는 고산지, 강원도 등지에서는 낮은 산 주변의 습기 많은 계곡 주변을 찾아야 합니다. 겉이 까맣게 썩어 있거나, 흙 속에 묻혀 많이 썩고 축축한 나무를 찾는다면 쉽게 채집할 수 있습니다.

 ## 어떻게 살아갈까?

＊ 어른벌레는 어떻게 살까?

어른벌레는 7~9월 사이에 볼 수 있고, 주로 늦여름에 활동합니다. 높은 산이 많은 곳에서 서식하는 산지성 사슴벌레이지만, 도심 근처에 있는 산에서도 채집할 수 있어요. 수명이 짧기 때문에 활동이 적어서 쉽게 볼 수 없지만, 빛에 민감하여 불빛에는 많이 날아옵니다.

다우리아사슴벌레 암컷

＊ 암컷과 애벌레는 어떻게 살까?

애벌레는 떡갈나무 등 많이 썩고 수분이 많은 부드러운 나무에 많이 들어 있고, 물이 흐르는 계곡 주변이나 햇볕이 들지 않는 산의 경사면을 좋아합니다. 번데기방은 나무 속에 만들며, 애벌레로 지내는 기간은 약 1~2년입니다.

다우리아사슴벌레 수컷

재미있게 키우는 방법 (난이도 : ★★★)

✱ 어른벌레 사육하기

채집하거나 우화한 뒤 수명이 매우 짧기 때문에 사육이 쉽지 않습니다. 또한 고온에 매우 약하기 때문에 20도 내외로 온도를 유지하는 것이 좋고, 거의 먹이를 먹지 않지만 그래도 먹이는 꼭 넣어 주는 것이 좋습니다.

✱ 알 받아 보기

일반 산란나무로는 힘들고, 산란나무를 물에 담근 뒤 발효 톱밥에 묻어 1년 정도 썩힌 것을 사용하면 효과가 있어요. 고온에서는 알을 낳지 않으므로 20도 내외로 온도를 유지해야 합니다.

✱ 애벌레 사육하기

일반 발효 톱밥에서 잘 자라는 편이라, 애벌레를 채집하여 사육하면 쉽게 어른벌레로 키울 수 있어요. 푸딩 컵이나 500cc 정도의 병에서 충분히 우화합니다. 온도는 20도 내외가 좋으나 그 이상의 온도에서도 사육하는 데 크게 지장이 없습니다.

곤충 지식 플러스

Q 사람들은 왜 사슴벌레와 장수풍뎅이를 채집할까?

A 사슴벌레와 장수풍뎅이의 매력에 빠진 사람들은 어른벌레를 분양받아서 키우기보다는 자신이 살고 있는 주변의 산에서 직접 사슴벌레 애벌레나 어른벌레를 채집해서 키우기도 합니다. 특히 사슴벌레의 경우는 곤충 전문점에서 판매하는 종 이외에 구하기 어려운 종을 깊은 산 등에서 채집할 수 있기 때문에 애호가들이 종종 이용하곤 합니다. 하지만 집에서 사육하는 데에만 만족한다면 진정한 곤충 애호가라고 할 수 없을 거예요. 들로, 산으로 곤충들을 만나러 간다면 좀 더 그들과 가까워질 수 있을 것입니다.

아름다운 광택이 돋보이는
원표보라사슴벌레

국명 원표보라사슴벌레
학명 *Platycerus hongwonpyoi hongwonpyoi* Imura & Choe, 1989
분포 한국
크기 수컷 8~14mm, 암컷 8~12mm
수명 1개월 내외
사육 난이도 ★★★

높은 산으로 채집하러 가면 꼭 한 번 만나 봐야 하는 것이 바로 원표보라사슴벌레입니다. 어른벌레를 채집하기는 쉽지 않지만 애벌레나 번데기방에서 겨울잠을 자는 개체를 채집하는 것은 쉽기 때문에, 방법만 안다면 충분히 잡을 수 있습니다. 크기가 매우 작기 때문에 때때로 사슴벌레가 아닐까 하고 착각하기도 하지만, 자세히 들여다 보면 원표보라사슴벌레 특유의 녹색 광택이 나는 귀여운 모습에 금방 매료될 거예요.

번데기방에서 월동하던 중 채집된 수컷(강원, 2005)

생김새와 특징이 궁금해!

* 수컷

몸 전체가 푸른빛이 도는 녹색 광택을 띠며, 다른 사슴벌레보다 턱은 작은 편이지만 암컷과는 차이가 크게 날 정도로 발달되어 있어요. 넓적다리의 약 3분의 2까지 밝은 주황색을 띠는 것이 또 다른 특징입니다.

* 암컷

전체적으로 구리색 또는 녹색 광택을 띠며, 수컷보다 큰턱의 끝부분이 날카롭습니다. 몸은 전체적으로 둥근 편이에요.

수컷(강원, 2005) 12mm 실제 크기의 3배 　　 수컷의 배면 　　 암컷(강원, 2005) 10mm 실제 크기의 3배

채집 방법의 노하우 (난이도 : ★★★)

* 어른벌레를 채집할 때

봄에 활엽수 잡목림의 새순에서 채집할 수 있는데, 높은 나무 꼭대기에서 날거나 새순에 머리를 파묻고 즙액을 먹기 때문에 긴 포충망으로 채집하면 개체를 여러 개 얻을 수 있어요. 번데기방에서 겨울잠을 잔 다음 해에 어른벌레로 활동하기 때문에, 겨울이 끝나갈 무렵 번데기방에서 채집하는 것이 가장 확실합니다.

* 애벌레를 채집할 때

습기가 많은 산의 계곡 주변에 까맣게 썩은 나무, 또는 회백색의 약간 마른 나무에서 발견할 수 있습니다. (·) 같이 생긴 산란 흔적을 찾는다면 애벌레를 쉽게 채집할 수 있습니다. 늦가을부터 눈이 오기 전 겨울, 눈이 녹기 시작하는 초봄에 채집하는 것이 좋아요.

어떻게 살아갈까?

＊ 어른벌레는 어떻게 살까?

해발 1000m가 넘는 산지에서 살며, 기온이 낮은 강원도나 높은 산 주변의 고도가 낮은 곳에서도 발견됩니다. 어른벌레로서 활동하는 기간은 한 달 내외이며, 4~6월경 산 주변에 있는 활엽수의 새순에 모여 즙액을 먹는 모습을 볼 수 있으나 쉽게 발견하기는 어렵습니다. 햇볕이 잘 드는 저지대에서는 4월부터 발견되며, 산 정상 부근에서는 6월까지 활동하는 개체들을 볼 수 있어요.

＊ 암컷과 애벌레는 어떻게 살까?

암컷은 떡갈나무의 겉이 검게 썩거나 회색으로 썩은 부분에 (·)처럼 생긴 흔적을 남기고 산란합니다. 애벌레로 사는 기간은 2년이고, 번데기방은 작은 가지 속에서 밖으로 나가기 쉽게 표면 근처에 만들어요. 애벌레는 한여름철에 날개돋이를 해 어른벌레가 되어 그대로 번데기방에서 겨울잠을 잔 뒤 다음 해에 활동합니다.

원표보라사슴벌레가 사는 잡목림 숲(강원, 2003)

원표보라사슴벌레의 산란 자국(강원, 2003)

큰턱 위에 눈 같은 검은 점이 양쪽으로 있는 애벌레

어른벌레가 되려고 번데기방을 틀고 겨울잠을 자는 애벌레(강원, 2005)

 **재미있게 키우는 방법** (난이도 : ★★★★)

* 어른벌레 사육하기

수컷은 같이 넣어 두면 싸우기 때문에 따로 사육하는 것이 좋습니다. 온도는 너무 높으면 좋지 않으므로 25도 내외로 유지합니다. 어른벌레는 많이 먹는 편은 아니지만, 사과나 과일향이 나는 젤리를 주면 잘 먹어요.

* 알 받아 보기

산란나무에 수분을 줘서 발효 톱밥에 묻어 5개월~1년 정도 썩혀서 사용하거나, 애벌레를 채집했던 곳에서 애벌레가 발견되었던 상태와 비슷한 나무를 가져다 사용하는 것이 가장 좋은 방법입니다. 암컷이 나무의 껍질을 파낼 정도로 강하지 못하므로, 산란나무는 반드시 껍질을 벗겨서 사용해야 합니다. 온도는 20도 내외로 유지합니다. 반드시 (·) 모양의 산란 흔적을 남기기 때문에, 산란을 했는지 안 했는지 확인할 수 있어요.

* 애벌레 사육하기

애벌레는 따로 사육하는 편이 좋으며, 애벌레끼리 공격하는 일이 적기 때문에 산란나무에 알을 받은 채로 키우는 것이 가장 안전합니다. 온도는 약 20도의 저온에서 사육하는 게 좋으며, 실내에서 어른벌레가 되는 데에는 약 1년이 걸립니다.

어른벌레와 애벌레가 사이좋게 지내는
길쭉꼬마사슴벌레

국명 길쭉꼬마사슴벌레
학명 *Figulus punctatus* Waterhouse, 1873
분포 한국 남부 도서지역, 제주도, 일본, 대만
크기 수컷 8~12mm, 암컷 8~12mm
수명 약 1년 내외
사육 난이도 ★★

수컷(제주, 2000) 10mm
실제 크기의 6배

제주도뿐 아니라, 일본 대마도에서도 채집한 기록이 있으므로 남부 지방 일부에도 분포할 것이라고 생각합니다. 특이한 점은 곤충의 생태입니다. 개미와 같은 체계적인 사회성 곤충은 아니지만, 어른벌레가 애벌레의 성장을 돕는 행동을 한다는 점이 독특합니다.

어른벌레는 애벌레가 썩은 나무를 쉽게 먹을 수 있도록 큰 턱으로 나무를 잘게 부수어 놓으면서 여기저기 터널을 파며 다녀요. 이것은 사슴벌레붙이과(Family Passalidae)에서도 볼 수 있는 행동입니다. 그래서 채집을 하다 보면 나무 속에 있는 어른벌레 주변에서 수많은 애벌레들도 같이 발견됩니다.

어른벌레는 육식성 사슴벌레로서, 나무 속에서 다른 애벌레의 체액을 빨아먹으며 생활합니다. 5~9월에는 나무 속에서 밖으로 나와 수액에도 모이고 불빛에도 날아듭니다. 해안 근처의 서식지를 찾는다면 썩은 팽나무에서 많은 애벌레와 어른벌레를 쉽게 채집할 수 있어요.

암수의 형태가 거의 같아 생김새로는 구분하기가 어렵습니다. 몸 전체는

흑색이고 광택이 나며, 앞날개에는 깊게 파인 점열이 뚜렷하게 나 있습니다. 큰턱이 강한 편이라 무른 나무에 구멍을 뚫고 나무 속으로 쉽게 들어가며, 원통형의 몸은 굴을 파고 활동하기 편하게 진화한 듯합니다. 어른벌레를 사육할 때, 죽은 지 얼마 안 된 다른 곤충의 시체를 주면 전부 모여들어 머리를 파묻고 먹는 모습이 다른 사슴벌레에서는 볼 수 없는 특이한 장면입니다.

전라남도 신안군 섬에는 길쭉꼬마사슴벌레와 유사하게 생겼지만 크기가 더 큰 큰꼬마사슴벌레(*Figulus binodulus* Waterhouse, 1873)가 살고 있어요.

구멍으로 들어가는 길쭉꼬마사슴벌레

죽은 팽나무에 있는 길쭉꼬마사슴벌레 애벌레

사슴벌레 애벌레의 시체를 먹고 있는 길쭉꼬마사슴벌레들(아래)

멋진 뿔이 달린 육식성 곤충
제주뿔꼬마사슴벌레

국명 제주뿔꼬마사슴벌레
학명 *Nigidius miwai* Nagel, 1941
분포 한국 제주도
크기 수컷 12~18mm, 암컷 12~17mm
수명 약 1년 내외
사육 난이도 ★★

수컷(제주, 2006) 17mm
실제 크기의 6배

제주뿔꼬마사슴벌레는 제주도에서만 채집이 된 종입니다. 몸집은 작지만 날카로운 큰턱 중간 위로 뿔이 솟은 게 특징입니다. 기괴한 모양의 멋진 뿔은 제주뿔꼬마사슴벌레의 매력이에요.

지금까지 이 곤충의 생태에 대해서는 완전히 알려진 바가 없지만, 어른벌레의 경우 겨울철에 썩은 팽나무에 모여서 겨울잠을 자는 것을 발견할 수 있습니다. 주로 해안가에 방풍림으로 심은 팽나무 주변에서 채집되고 있습니다. 우리나라에만 분포하는 특산종이고 제주도 특정 지역에만 분포하기 때문에 서식지의 보호가 절대적으로 필요한 종이에요. 아직까지 제주도 이외의 지역에서 발견된 기록은 없습니다.

암수 모두 똑같은 턱 모양을 하고 있어 구별하기 어렵지만, 수컷보다 암컷의 턱이 조금 작습니다. 우화한 뒤에는 오랫동안 붉은색을 유지하는 것이 특징이며, 제주뿔꼬마사슴벌레도 이 특징이 같습니다. 이것은 사슴벌레붙이과에서도 똑같이 나타나는 특징인데 생김새와 생태 등이 비슷하므로, 이 곤충들이 매우 가까운 관계가 아닐까 추측합니다.

어른벌레를 사육할 때는 죽을 것 같은 사슴벌레 애벌레나 다른 애벌레들을 먹이로 주면 어른벌레가 모여들어 껍데기만 남기고 다 먹는데 그만큼 식성이 강합니다.

제주뿔꼬마사슴벌레 어른벌레

팽나무 속에서 활동하고 있는 제주뿔꼬마사슴벌레

제주뿔꼬마사슴벌레 수컷들

사슴벌레 애벌레의 시체를 먹는 제주뿔꼬마사슴벌레

5장
알아보자! 한국의 장수풍뎅이

장수풍뎅이는 몸집이 매우 큰 곤충이고, 환경 변화에 민감하게 반응합니다. 무분별한 개발과 산림 훼손으로 서식지가 파괴되고, 빛으로 유인되는 습성 때문에 수많은 개체들이 줄어들었어요. 하지만 최근에는 반려 곤충이나 약재용으로 사육되어 사람들에게 친숙한 곤충이 되었지요. 그럼 우리나라 장수풍뎅이에는 어떤 종류가 있는지 자세히 알아볼까요?

한국의 대표 곤충
장수풍뎅이

국명 장수풍뎅이
학명 *Trypoxylus dichotomus dichotomus* (Linnaeus, 1771)
분포 한국, 일본, 중국 북동부
크기 수컷 27~75㎜, 암컷 35~50㎜
수명 1~3개월
사육 난이도 ★

일본에서는 1970년대부터 본격적으로 장수풍뎅이를 반려용으로 판매하기 시작했으며, 지금 우리나라에서도 가장 인기 있고 쉽게 볼 수 있는 반려 곤충이 되었습니다. 하지만 1990년대 후반 이전만 해도 개체 수가 줄어들고, 사육이 되지 않아 보호종으로 지정된 바 있습니다.

30여 년 전만 해도 서울 주변이나 전국에서 두루 채집했지만 도시화와 환경 오염 때문에 서식지가 남부 지방으로 좁혀졌습니다. 지금은 경기도에 분포하지 않으며 강원도 일부, 충청도 이남 지역에서 주로 서식을 하고 있어요. 하지만 반려용이나 약재용으로 많이 사육되면서 인공 사육 시설 밖으로 점점 퍼져 나가 분포 지역이 넓어지고 있습니다. 또한 요즘은 표고버섯 농사를 짓고 난 뒤 생긴 폐목 주변이나 농장의 퇴비에서 애벌레를 많이 발견하기도 하는데, 장수풍뎅이에게 새로운 번식터가 되고 있습니다.

그래서 충청도의 어느 지역에서는 장수풍뎅이를 흔히 볼 수 없었으나, 표고버섯 농사를 많이 지으면서 쌓아 둔 폐목에 장수풍뎅이가 많이 번식해서 지금은 그 지역의 부수입원으로 발전하기도 했습니다.

 **생김새와 특징이 궁금해!**

* 수컷

몸은 적갈색 또는 흑갈색이고 타원형을 띠고 있습니다. 머리에는 큰 뿔이 솟아 있고, 그 끝이 양 갈래로 갈라져 있습니다. 앞가슴 등판에도 작은 뿔이 나 있어 끝이 양 갈래로 갈라지는데, 대형 개체는 이 뿔들이 더 길고 크게 발달해 있어요.

야생 장수풍뎅이 수컷(충남, 2004)

* 암컷

수컷처럼 몸 전체는 고동색 또는 흑갈색을 띠고 타원형입니다. 뿔이 없는 일반적인 풍뎅이의 모습을 하고 있어요.

수컷(전북, 2004) 70mm

암컷(전북, 2004) 45mm

 **여기서 잠깐!**

장수풍뎅이나 사슴벌레가 도시 주변에서 사라져 가는 이유

첫 번째, 서식지가 파괴되기 때문입니다.
무분별하게 산림이 훼손되고 개발되는 게 가장 큰 문제입니다. 대형 곤충은 넓은 생태 공간이 필요한데, 서식지가 파괴되면서 그만큼 공간이 좁아져 점점 밀려나고 있습니다.

두 번째, 빛에 모이는 습성 때문입니다.
이들의 서식지 주변에 휴게소와 건물들이 들어오면서 밤에 켜 놓은 불빛에 수많은 개체들이 유인되어 다시 숲으로 돌아가지 못하고 죽는 경우가 많아요. 천연기념물인 장수하늘소도 이런 환경 때문에 멸종의 위험에 처해 있습니다.

참나무 숲의 장수풍뎅이

장수풍뎅이 애벌레 자세히 들여다보기

장수풍뎅이 애벌레 머리

장수풍뎅이 배설물(똥)

애벌레를 측면에서 본 모습

애벌레의 항문

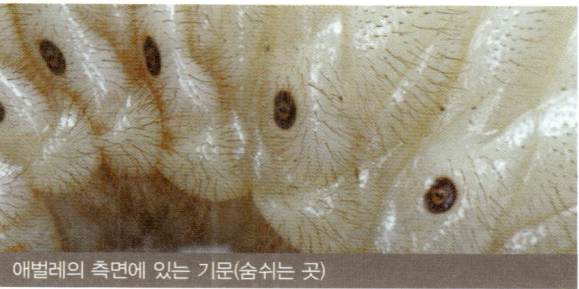
애벌레의 측면에 있는 기문(숨쉬는 곳)

채집 방법의 노하우 (난이도 : ★★)

* 어른벌레를 채집할 때

장수풍뎅이는 충청도 남부 지역에 많이 분포하고 있어요. 사슴벌레보다는 약간 늦은 7월 중순부터 활발하게 활동하기 시작합니다. 서식지만 찾아내면 수액이 흐르는 참나무에 모인 장수풍뎅이 어른벌레를 밤에 쉽게 채집할 수 있습니다. 장수풍뎅이는 사슴벌레보다 비행 능력이 좋고 불빛에 훨씬 민감해요. 그래서 서식지 주변의 좋은 위치에서 등화 채집을 하거나 가로등을 살펴보면 많은 개체를 채집할 수 있습니다.

* 애벌레를 채집할 때

애벌레를 채집하기 위해서는 오래된 초가지붕 속, 썩은 참나무와 부엽토가 섞여 있는 틈, 농가의 퇴비를 쌓아 둔 곳을 집중적으로 확인해 보는 것이 좋습니다. 요즘은 표고버섯 농사를 짓고 쌓아 둔 폐목 같은 곳에 장수풍뎅이들이 많이 번식하고 있으므로 이런 곳도 좋은 채집지가 될 것입니다.

작은 몸에서 내뿜는 강한 힘
외뿔장수풍뎅이

국명 외뿔장수풍뎅이
학명 *Eophileurus chinensis chinensis* (Faldermann, 1835)
분포 한국, 일본, 중국
크기 18~24mm, 암컷 18~24mm
수명 1~3개월
사육 난이도 ★★

사슴벌레를 채집하기 위해 수액을 찾다 보면 가끔 수액 근처에서 외뿔장수풍뎅이를 발견합니다. 장수풍뎅이와 달리, 우리나라 중부 지방에서 남부 지방 전역에 걸쳐 살고 있으며, 어른벌레는 수액에도 모이지만 주로 죽은 곤충이나 다른 곤충을 공격해 체액을 먹습니다. 6~9월까지 활동하며, 애벌레는 참나무의 썩은 부위를 먹고 자랍니다. 몸은 장수풍뎅이보다 아주 작지만, 무척이나 힘이 센 편입니다.

나무를 기어다니는 외뿔장수풍뎅이

약 2~3개월 정도 사육하면 알에서 어른벌레가 되며, 애벌레는 일반 발효 톱밥으로 사육할 수 있습니다. 어른벌레는 육식성이라 파충류 먹이용 곤충인 밀웜이나 귀뚜라미 등을 넣어 주면 좋습니다.

암수의 형태와 크기는 거의 비슷합니다. 머리에 작은 외뿔이 솟아 있고, 앞날개에 광택과 점열이 있습니다. 수컷은 앞가슴등판이 암컷보다 움푹하게 들어가 있고, 앞다리의 발톱이 퇴화한 것처럼 보입니다.

수컷(경기, 2003) 20mm
실제 크기의 2배

암컷(경기, 2004) 20mm
실제 크기의 2배

 생김새와 특징이 궁금해!

* 수컷

몸은 전체적으로 흑색이며 광택을 띠고, 머리 위의 뿔은 암컷보다 뚜렷한 편입니다. 앞가슴등판 가운데의 움푹 파인 곳도 넓어요. 또한 앞다리의 발톱을 보면 안쪽의 발톱이 기형으로 생긴 것처럼 붙어 있어 암컷과 쉽게 구별할 수 있습니다.

* 암컷

수컷보다 앞가슴등판 가운데에 움푹 파인 흔적이 약하고, 머리에 뿔은 있으나 뚜렷하지 않습니다.

채집 방법의 노하우 (난이도 : ★★)

* 어른벌레를 채집할 때

참나무 숲의 수액 근처를 보면 한두 마리씩 외뿔장수풍뎅이를 잡을 수 있습니다. 또 다른 방법은 숲 근처의 돌 밑이나 썩은 나무 밑을 들춰 보는 것입니다. 하지만 이 방법은 운이 좋으면 쉽게 채집할 수 있지만 많은 개체 수를 채집하기는 어렵습니다. 가끔 불빛에도 날아오므로 참나무 숲 주변의 가로등을 잘 살펴보는 것이 좋습니다.

외뿔장수풍뎅이 암컷

* 애벌레를 채집할 때

인공 사육을 하면 발효 톱밥에서 잘 자라므로 부엽토나 썩은 나무 주변에서 채집이 될 것 같지만, 아직 채집했다는 기록은 없습니다.

어떻게 살아갈까?

* 어른벌레는 어떻게 살까?

어른벌레의 수명은 약 1~3개월이고, 5~9월까지 활동합니다. 밤에 참나무류의 수액에 모이거나 바닥을 기는 모습도 볼 수 있습니다. 평소에는 부엽토나 썩은 나무, 낙엽 밑에서 지내요. 사슴벌레나 장수풍뎅이를 채집하다가 종종 채집이 되기도 하지만 수액에 많이 모여 있는 일은 적습니다. 가끔 야생에서 죽은 곤충의 체액을 빨아 먹는 모습도 발견할 수 있습니다.

재미있게 키우는 방법 (난이도 : ★)

* 어른벌레 사육하기

만약 야생에서 암컷을 잡았다면, 이미 짝짓기 한 암컷이라고 생각하고 수컷이 있더라도 같이 키우지 않는 게 좋습니다. 육식성이라 산란기에는 수컷을 공격해 잡아먹는 일이 생길 수도 있기 때문입니다. 어른벌레의 먹이로는 곤충 젤리와 죽어 있는 다른 곤충을 주면 됩니다.

* 알 받아 보기

장수풍뎅이의 사육용으로 판매되는 발효 톱밥으로 쉽게 알을 받을 수 있습니다. 죽은 곤충이나 다른 곤충의 애벌레 등을 암컷의 먹이로 넣어 주면 됩니다.

* 애벌레 사육하기

애벌레 또한 발효 톱밥에서 잘 자라는 편이라, 특별히 신경을 써 줄 필요가 없습니다. 약 2~3개월이면 알에서 어른벌레가 됩니다.

외뿔장수풍뎅이의 알

외뿔장수풍뎅이 3령 애벌레

외뿔장수풍뎅이 번데기

동글동글 깜찍한
둥글장수풍뎅이

국명 둥글장수풍뎅이
학명 *Pentodon quadridens bidentulus* (Fairmaire, 1887)
분포 한국, 중국
크기 수컷·암컷 20mm 내외
수명 1~3개월
사육 난이도 ★★★

수컷(경기, 1999) 20mm
실제 크기의 3배

둥글장수풍뎅이는 가장 최근에 국내에서 발견된 장수풍뎅이로서, 우리나라에서는 서해안 근처 지역과 섬 들에서만 발견됩니다. 5~8월 바닷가 근처 간척지나 모래사장 주변의 불빛에 유인되어 날아옵니다.

전체적인 모습은 일반적인 둥근 풍뎅이의 형태를 띠고 있으며, 머리에 뿔은 솟아 있지 않습니다. 성충의 적확한 생태는 밝혀지지 않았지만, 최근 유충은 볏과 식물인 띠의 뿌리를 먹고 자라는 것이 확인되었습니다.

옆에서 본 둥글장수풍뎅이 수컷

생김새와 특징이 궁금해!

* **수컷과 암컷**

이름처럼 뚱뚱하면서 둥글둥글한 모습을 띠고 있습니다. 암수 모두 장수풍뎅이의 상징인 머리나 앞가슴등판에 뿔이 없기 때문에 구별하기가 쉽지 않아요. 다리의 부절과 발톱이 소똥구리가 퇴화한 것처럼 보이며, 다리와 배 부위에 털이 길게 나 있습니다.

채집 방법의 노하우 (난이도 : ★★★)

* **어른벌레를 채집할 때**

5~8월 서해안 바닷가 주변의 불빛에 유인된 개체를 채집할 수 있습니다. 낮에도 발견은 되는데 정확한 생태는 알려지지 않았습니다.

* **애벌레를 채집할 때**

애벌레는 바닷가 주변에서 띠(볏과 식물)의 뿌리를 먹고 자랍니다. 염분이 있는 흙에서도 건강하게 자라는 특이한 녀석들이에요.

어떻게 살아갈까?

해외에서도 생태가 전혀 알려지지 않았으나, 서해안 바닷가 간척지 주변에 대량 서식하고 있습니다. 최근 연구 조사에 의하면 수명은 2~3개월 정도로 추정됩니다. 성충의 먹이는 야생에서는 알려지지 않았으며, 단백질이 들어간 곤충 젤리를 잘 먹는 것으로 알려져 있습니다.

재미있게 키우는 방법 (난이도 : ★★★)

최근 연구에 따르면 애벌레는 벼와 띠의 뿌리를 먹고 자란다는 것이 알려졌지만 키우는 법에 대해서는 연구가 필요한 상황입니다.

6장
놀라워요! 세계의 사슴벌레

사슴벌레는 세계적으로 약 100속 1,400여 종 이상이 있으며, 다른 곤충에 비해 생김새가 특이하고 다양해서 일찍부터 많은 학자가 채집하고 연구해 왔습니다. 그러나, 현재 우리나라는 식물 검역법상 살아 있는 외국 곤충 수입이 허가되지 않아서 직접 키우는 데에 어려움이 있습니다. 대신 이 책으로 세계에서 인기 있는 사슴벌레들을 만나 보도록 해요.

검은색의 매력, 최강의 파이터
왕사슴벌레속
(Genus *Dorcus*)

　왕사슴벌레속은 아시아에서 유럽, 북아프리카, 북미 대륙까지 북반구에 걸쳐 폭넓게 서식하고 있는 사슴벌레의 대표적인 속(Genus) 중의 하나입니다. 세계적으로 약 140여 종이 있는데, 유럽과 북미에 분포하는 3종을 빼고 대부분 아시아에서 살고 있어요.

　몸 전체가 진한 검정색을 띠는 왕사슴벌레속은 2cm 미만의 아주 작은 종부터 9cm에 가까운 그란디스왕사슴벌레까지 크기가 매우 다양해 수집하는 데에 재미를 주기도 합니다. 하지만 장수풍뎅이는 남미에 세계 최대 크기를 자랑하는 종들이 있는 반면, 사슴벌레는 장수풍뎅이만큼 큰 대형종이 거의 없다는 점이 특이한 점입니다. 그럼 이제부터 아시아에 살고 있는 왕사슴벌레속의 대표적인 종들을 알아보기로 해요.

왕사슴벌레류의 종류와 분포

　큰턱이 앞을 향하며 안쪽으로 굽어 있고 중간에 큰 내치가 1개 있는 게 왕사슴벌레의 특징입니다. 겨울나기를 할 수 있고 수년 간 살 수 있기 때문에 사슴벌레 중에서 가장 오래 사는 종입니다. 적도를 기준으로 북반구에서 주로 살며, *Dorcus* 속의 대표적인 종이에요.

학명	분포 지역
왕사슴벌레 *Dorcus hopei*	한국, 중국, 일본(원명 아종), 대만(아종)
그란디스왕사슴벌레 *Dorcus grandis*	라오스, 베트남, 인도 북동부, 중국 남부
쿠르비덴스왕사슴벌레 *Dorcus curvidens*	인도 동부, 부탄, 네팔, 라오스, 미얀마, 태국 북부, 베트남 북부, 중국 남부
패리왕사슴벌레 *Dorcus ritsemae*	동남아시아
안테우스왕사슴벌레 *Dorcus antaeus*	인도, 부탄, 네팔, 태국, 라오스, 베트남, 미얀마, 말레이시아, 중국 윈난성
그라실리코르니스왕사슴벌레 *Dorcus gracilicornis*	대만, 베트남 북부, 태국 북부, 인도 북동부
쉔클링왕사슴벌레 *Dorcus schenklingi*	대만
라티키나왕사슴벌레 *Dorcus raticinativus*	인도 다르질링
수트랄리스왕사슴벌레 *Dorcus suturalis*	카슈미르, 파키스탄
유럽왕사슴벌레 *Dorcus parallelipipdeus*	유럽, 아프리카 북부, 서아시아
북미왕사슴벌레 *Dorcus parallelus*	미국 동부, 캐나다
무지몬왕사슴벌레 *Dorcus musimon*	아프리카 북부

그란디스왕사슴벌레
(라오스) 83mm
실제 크기의 0.6배

쿠르비덴스왕사슴벌레
(라오스) 66mm
실제 크기의 0.7배

패리왕사슴벌레
(인도네시아) 65mm
실제 크기의 0.7배

안테우스왕사슴벌레
(인도 다르질링) 76mm
실제 크기의 0.6배

중국왕사슴벌레
(중국) 75mm
실제 크기의 0.6배

넓적사슴벌레류의 종류와 분포

넓적사슴벌레(*Dorcus titanus*)[*]는 주로 우리나라에서부터 동남아시아에 걸쳐 분포하고 있으며, 우리나라의 넓적사슴벌레를 포함하여 총 18아종으로 분류되고 있습니다.

특히 동남아시아에 분포하는 아종 중에서 최고 100mm가 넘는 것이 여러 종 있는데, 그중 필리핀 팔라완섬에 서식하는 팔라완왕넓적사슴벌레(*Dorcus titanus palawanicus*)가 세계에서 제일 큰 넓적사슴벌레라고 해요. 이 넓적사슴벌레는 몸 길이가 최고 113.3mm로, 성격이 매우 호전적이고 몸집도 넓고 커서 각종 곤충 싸움 대회에서 1등을 놓치지 않아 인기가 많습니다.

넓적사슴벌레류 종 리스트 (한국, 일본 11아종을 제외)

학명	분포 지역
왕넓적사슴벌레 *Dorcus titanus titanus* (원명 아종)	인도네시아 (술라웨시섬 북부, 펠렝섬, 방가이섬, 탈리아부섬)
술라웨시왕 넓적사슴벌레 *Dorcus titanus typhon*	인도네시아 (술라웨시섬 중부-남부, 카바에나섬, 부톤섬)
팔라완왕넓적사슴벌레 *Dorcus titanus palawanicus*	필리핀 팔라완
필리핀왕넓적사슴벌레 *Dorcus titanus imperialis*	필리핀 (루손섬, 카탄두아네스, 민도로섬, 마린두케, 시부얀, 사마르섬, 레이테섬 등)
민다나오왕넓적사슴벌레 *Dorcus titanus mindanaoensis*	필리핀 (민다나오섬, 바실란)
말레이시아넓적사슴벌레 *Dorcus titanus nobuyukii*	말레이반도, 인도네시아 (니아스섬, 보르네오섬)
수마트라왕넓적사슴벌레 *Dorcus titanus yasuokai*	인도네시아 수마트라섬
웨스터마니넓적사슴벌레 *Dorcus titanus westermanni*	인도, 태국 북부, 중국 남부
베트남넓적사슴벌레 *Dorcus titanus fafner*	베트남 북부, 라오스 북부, 미얀마 북부, 중국 하이난성
중국넓적사슴벌레 *Dorcus titanus platymelus*	중국
중국운남넓적사슴벌레 *Dorcus titanus typhoniformis*	중국 구이저우성, 광시성
대만넓적사슴벌레 *Dorcus titanus sika*	대만

* 최근 연구에 의하면 넓적사슴벌레는 넓적사슴벌레속(*Serrognathus*)으로 왕사슴벌레속과 분리하여 보고 있으나 여기서는 왕사슴벌레속에 포함해 설명합니다.

왕넓적사슴벌레(인도네시아) 88mm

술라웨시왕넓적사슴벌레(인도네시아 술라웨시섬) 88mm

웨스터마니왕넓적사슴벌레(라오스) 82mm

팔라완왕넓적사슴벌레(필리핀 팔라완섬) 98mm
실제 크기의 0.9배

왕사슴벌레의 상징
중국왕사슴벌레

국명 중국왕사슴벌레
학명 *Dorcus hopei hopei* (Saunders, 1854)
분포 중국 남부
크기 수컷 21~77mm, 암컷 27~48mm
수명 1~3년
사육 난이도 ★★

호페이왕사슴벌레 수컷(중국)

왕사슴벌레의 기본이 되는 종이고, 우리나라 왕사슴벌레와 생김새나 사는 환경이 비슷합니다. 이전에는 이 종과 한국, 일본의 종을 다른 아종(*D. h. binodulosus*)으로 취급했으나, 최근 연구에 따라 모두 한 종으로 취급하고 있습니다.

중국왕사슴벌레는 수컷 머리 앞부분에 양쪽으로 솟은 돌기의 끝이 뾰족하고, 큰턱의 시작 부위가 굵은 것이 특징입니다. 반면, 우리나라의 왕사슴벌레는 수컷 머리 앞부분에 양쪽으로 솟은 돌기의 끝이 뭉툭하고, 큰턱의 기부가 중국왕사슴벌레보다 얇은 편입니다. 하지만 지역마다 변이가 있어 구별하기가 그리 쉽지 않지요.

곤충 애호가들은 수컷의 굵은 큰턱과, 턱의 끝과 내치가 위를 향하며 겹치는 형태를 최고로 꼽기도 합니다. 중국의 푸젠성이나 후난성에서 발견되는 종들은 이런 형태를 띠고 있는 게 많아 인기가 높습니다.

생김새와 특징이 궁금해!

암수 모두 우리나라 왕사슴벌레와 생김새가 거의 비슷하며, 개체의 크기에 따라 나타내는 변이도 유사합니다. 두 종류의 차이점을 살펴보면 다음과 같아요.

* 수컷

왕사슴벌레보다 큰턱의 기부가 두꺼운 편이고, 중간의 내치가 턱의 끝부분과 겹치는 것이 특징입니다.

* 암컷

앞가슴등판의 양 끝이 왕사슴벌레의 암컷보다 각이 있으며, 앞날개의 점열이 적은 편입니다. 구별하기가 쉽지 않아요. 왕사슴벌레와 비슷한 형태의 개체도 있어 더욱 쉽지 않습니다.

수컷(중국) 75mm   암컷(중국) 43mm

재미있게 키우는 방법 (난이도 : ★★)

* 어른벌레 사육하기

우리나라 왕사슴벌레 사육법과 같아요. 온도에 크게 영향을 받지 않지만 약간 서늘하게 해 주는 것이 좋습니다.

* 알 받아 보기

약간 딱딱한 산란나무를 넣어 주는 것이 좋아요.

* 애벌레 사육하기

왕사슴벌레와 사육 환경을 비슷하게 맞춰 주면 큰 무리 없이 사육할 수 있습니다. 단, 성장 속도가 왕사슴벌레보다 빠른 편이라 균사나 매트를 빨리 바꿔야 해요.

👍 **추천** **균사 사육** 가능 (약 8~10개월)

　　　　　발효 톱밥 가능 (약 8~12개월)

　　　　　재(材) 사육 약 2년

곤충계의 몸짱
안테우스왕사슴벌레

국명 안테우스왕사슴벌레
학명 *Dorcus antaeus* (Hope, 1842)
분포 인도, 부탄, 네팔, 태국, 라오스, 베트남, 미얀마, 말레이시아, 중국 남부
크기 수컷 33~87mm, 암컷 33~48mm
수명 1~3년
사육 난이도 ★★★

　몸에 검정색 광택이 은은하게 흐르는 것이 매력적이며, 울퉁불퉁한 근육이 붙은 듯한 육중한 모습이 인상적입니다. 몸 전체가 다른 왕사슴벌레들보다 크고 넓습니다. 큰턱은 매우 굵고 짧으며 안쪽으로 강하게 굽어 있어요. 곤충 애호가들 사이에서 박력 있는 멋진 생김새로 큰 인기를 모으고 있는 왕사슴벌레 중 하나입니다.

안테우스왕사슴벌레 수컷(인도)

생김새와 특징이 궁금해!

✻ 수컷

다른 왕사슴벌레들보다 크고 몸집이 가로로 넓어요. 몸 전체에 점열이 없어 은은한 흑색 광택이 매우 인상적입니다. 큰턱은 안쪽으로 많이 굽어 있고 내치와 큰턱의 끝부분 모두 날카롭습니다. 산지마다 이 큰턱의 형태적 변이가 있는데 네팔, 부탄, 인도에 사는 안테우스왕사슴벌레는 그중 가장 크고 내치가 앞쪽으로 뻗어 있어 왕사슴벌레 애호가들에게 제일 인기가 좋아요.

✻ 암컷

다른 왕사슴벌레 암컷과 달리 앞날개에 점열이 없으며, 수컷과 마찬가지로 몸 전체에 은은한 흑색 광택을 띠고 있어요.

수컷(인도 다르질링) 76mm   암컷(인도 다르질링) 44mm

어떻게 살아갈까?

안테우스왕사슴벌레는 중국 남부로부터 인도 북부, 말레이시아에 걸쳐 분포하고 있으며, 해발 1,000m 이상의 산지에서 사는 사슴벌레입니다. 산지에서는 주로 나무의 수액이 흐르는 곳에서 채집할 수 있고, 등화 채집도 가능합니다.

태국에서는 사켓(Saket)산 주변(해발 1,000m 이상)에서 일 년 내내 채집할 수 있으며, 말레이시아에서는 산지인 카메론 하이랜드(Cameroon Highlands) 등에서 등화 채집으로만 잡을 수 있어요. 가장 큰 개체가 나오는 네팔 등지에서는 해발 2,000m가 넘는 어둡고 축축한 숲에서 서식합니다. 대체로 수액에 모이며, 이끼가 낀 고목의 껍질 사이에 숨어 있는 것을 발견할 수 있다고 해요.

재미있게 키우는 방법 (난이도 : ★★★)

✱ 어른벌레 사육하기

해발 1,000~2,000m에 사는 산지성 사슴벌레로서, 20~24도를 유지해 줘야 해요. 특히 여름철 고온에 주의해야 하고, 왕사슴벌레를 키울 때보다는 약간 습하게 습도를 유지해 줍니다. 겨울철에는 너무 건조해지지 않도록 신경을 써야 합니다.

✱ 알 받아 보기

온도는 약 20~24도로 유지해 주고, 온도 조절이 어렵다면 봄·가을인 4~5월이나 9~11월 정도에 산란을 시도하면 됩니다. 산란나무는 아주 부드러운 것을, 매트는 아주 입자가 고운 것을 고르면 돼요.

✱ 애벌레 사육하기

약 18~20도의 저온에서 균사 사육을 하면 큰 효과를 볼 수 있습니다.

👍 **추천** **균사 사육** 가능 (약 6~16개월)
　　　발효 톱밥 가능 (약 6~20개월)
　　　재(材) 사육 약 2년

갓 우화한 소형 수컷의 앞면

갓 우화한 소형 수컷의 배면

안테우스왕사슴벌레 수컷

천하장사 싸움꾼
팔라완왕넓적사슴벌레

국명 팔라완왕넓적사슴벌레
학명 *Dorcus titanus palawanicus* (Lacroix, 1984)
분포 필리핀 팔라완섬
크기 수컷 32~113mm, 암컷 36~54mm
수명 1~2년
사육 난이도 ★★

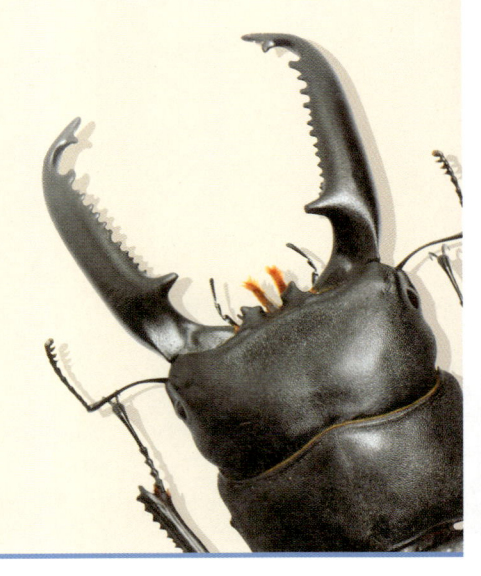

왕넓적사슴벌레는 우리나라의 넓적사슴벌레를 포함해 아시아 어디에서나 쉽게 볼 수 있는 대형 사슴벌레입니다. 서식지에 따라 그 모습도 다양한데, 내치의 위치 또는 큰턱의 굵기나 앞으로 굽은 정도에 따라 아종과 산지를 구별해요.

그중 팔라완왕넓적사슴벌레는 필리핀의 팔라완섬에만 분포하고 있는 사슴벌레입니다. 넓적사슴벌레 가운데 가장 크기가 큰 종류이지요.

수컷의 경우, 매우 크고 성격도 난폭해 일본에서 열리는 곤충 싸움 대회에서 늘 우승을 다투는 최고의 싸움꾼이라고 할 수 있어요.

종명 'Titan'은 거인이나 천하장사를 뜻하는 말로서, 수컷의 난폭하고 거친 성격과 싸움을 잘하는 성향을 잘 반영하고 있는 이름이라 할 수 있습니다.

최고의 싸움꾼, 팔라완왕넓적사슴벌레 수컷

생김새와 특징이 궁금해!

✱ 수컷

우리나라의 넓적사슴벌레와 형태가 거의 비슷하지만, 큰턱이 더 굵고 내치가 더 뚜렷하며 많이 나 있습니다. 길이로 보면, 최고 113mm로서 왕넓적사슴벌레 중 가장 길고, 105mm의 길이를 가진 필리핀의 타이폰(typhon) 아종이 그 다음으로 길어요.

✱ 암컷

우리나라에 있는 넓적사슴벌레 암컷과 형태가 비슷하지만, 산지에 따라 구별하기는 쉽지 않습니다. 동남아시아에 분포하는 대형종의 암컷은 50mm를 넘는 개체도 있습니다.

수컷(필리핀) 98mm

암컷(필리핀) 45mm

재미있게 키우는 방법 (난이도 : ★★)

* 어른벌레 사육하기
저온, 고온을 가리지 않아서 키우기 쉽고, 축축하고 습한 환경을 좋아합니다.

* 알 받아 보기
온도는 25도 내외를 유지합니다. 수컷이 매우 난폭해서 짝짓기 한 뒤 암컷을 물어 죽이는 경우가 있습니다. 그래서 암컷과 따로 떨어뜨리거나 수컷의 큰턱을 테이프 등으로 묶어 공격하지 못하게 하기도 해요. 산란나무는 아주 부드러운 것을, 매트는 발효가 잘된 축축한 것을 쓰는 것이 좋아요.

* 애벌레 사육하기
약 20~25도로 온도를 유지합니다. 1령 애벌레 때부터 큰 병에 담아 키우는 것이 좋으며, 3령 애벌레 수컷은 약 2,000cc의 병에 키우면 좋아요. 발효 톱밥이나 균사 사육 모두 효과를 볼 수 있고, 잘 발효된 좋은 품질의 발효 톱밥을 쓸 경우에는 균사 사육보다 오히려 더 나은 결과를 얻을 수 있습니다.

👍 추천 **균사 사육** 가능 (약 6~12개월)
👍 추천 **발효 톱밥** 가능 (약 6~15개월)
　　　　재(材) 사육 약 2년

어떻게 살아갈까?

왕넓적사슴벌레는 우리나라, 일본에서 동남아시아에 이르기까지 넓게 분포하고 있어서 아시아의 대표적인 사슴벌레라고 할 수 있어요. 서식지가 격리되어 형태가 많이 변해서 여러 아종으로 나누어지고 있습니다. 그중 팔라완왕넓적사슴벌레는 서식지에서 수액에 모여 있을 때 채집하거나 등화법으로 채집할 수 있습니다.

팔라완왕넓적사슴벌레 암수의 모습

황소 뿔 같은 큰턱을 지닌
부세팔루스왕넓적사슴벌레

국명 부세팔루스왕넓적사슴벌레
학명 *Dorcus bucephalus* (Perty, 1831)
분포 인도네시아 자바섬
크기 수컷 45~91mm, 암컷 38~50mm
수명 1~2년
사육 난이도 ★★

수컷(인도네시아 자바) 80mm

생김새는 일반 왕넓적사슴벌레와 비슷하나, 큰턱의 앞부분이 안쪽을 향해 수직으로 굽어 있어서 왕넓적사슴벌레와 쉽게 구별할 수 있습니다.

타이타누스왕넓적사슴벌레(*Dorcus titanus*)와는 생김새가 달라서 다른 종으로 구분되지만, 유전적으로 따지면 오랫동안 지역적으로 떨어져 있어서 생긴 아종이라 여겨질 정도로 공통점이 많습니다.

'부세팔루스(*bucephalus*)'는 소의 머리를 뜻하는데, 앞에서 말한 굽은 큰턱의 모양이 마치 황소 뿔 같아서 붙여진 이름이에요.

암컷은 다른 넓적사슴벌레 암컷과 달리 앞날개에 점선이 있어 쉽게 구별할 수 있습니다.

자바섬 특산종이며, 해발 1,000m 근처의 열대 우림에 서식하고 있습니다. 일 년 내내 채집할 수 있을 만큼 활동적인 종이며, 특히 연말부터 2월 사이의 우기에 가장 많이 활동한답니다.

부세팔루스왕넓적사슴벌레 수컷(인도네시아) (왼쪽 / 오른쪽)

황소 뿔 같은 큰턱을 자랑하는 부세팔루스왕넓적사슴벌레

재미있게 키우는 방법 (난이도 : ★★)

* 어른벌레 사육하기

온도의 변화에 민감하지 않아서 키우기 쉽고, 다른 왕넓적사슴벌레보다 특히 저온에 강합니다. 축축하고 습한 환경을 좋아해요.

* 알 받아 보기

온도는 25도 내외를 유지합니다. 수컷이 매우 난폭하므로 짝짓기 한 뒤 암컷과 따로 떨어뜨려 산란하는 것이 좋아요. 산란나무는 아주 부드러운 것을, 매트는 발효가 잘된 축축한 것을 쓰도록 권장합니다.

* 애벌레 사육하기

약 20~25도에서 사육합니다. 1령 애벌레 때부터 큰 병에 담아 키우고, 3령 애벌레 수컷은 약 2,000cc의 병에서 키우면 됩니다. 발효 톱밥과 균사에서 모두 잘 자라는 편이에요.

👍 **추천** **균사 사육** 가능 (약 8~10개월)
👍 **추천** **발효 톱밥** 가능 (약 8~12개월)
　　　　재(材) 사육 약 1년~1년 반 정도

새 균사병으로 교체 중인 초대형 3령 애벌레

나무를 타고 있는 부세팔루스왕넓적사슴벌레 수컷

부세팔루스왕넓적사슴벌레의 우화하는 모습

1. 서서히 번데기 색이 진하게 변한다.

2. 우화하기 바로 직전의 모습이다.

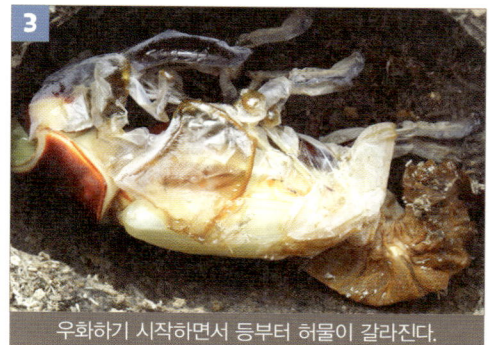
3. 우화하기 시작하면서 등부터 허물이 갈라진다.

4. 허물은 다 벗었지만 머리가 아직 펴지지 않았다.

5. 가슴판과 머리, 다리부터 검게 변하기 시작한다.

6. 체액을 집어넣어 뒷날개를 펴고 있다.

7. 뒷날개가 들어가고 우화가 정상적으로 막 끝났다.

8. 우화 후 하루가 지나자 몸 전체가 검게 변했다.

장갑차 같은 덩치의 소유자
알키데스왕넓적사슴벌레

국명 알키데스왕넓적사슴벌레
학명 *Dorcus alcides* (Snellen van Vollenhoven, 1865)
분포 인도네시아 수마트라섬
크기 수컷 33~102mm, 암컷 38~48mm
수명 1~2년
사육 난이도 ★★

인도네시아 수마트라섬의 해발 1,500m가 넘는 지역에서 서식하는 왕넓적사슴벌레입니다. 앞가슴등판이 넓어서 박력이 느껴지는 것이 알키데스왕넓적사슴벌레만의 특징이에요. 큰턱의 형태에 따라 단치형, 중치형, 장치형으로 나누며, 다른 사슴벌레들과 달리 몸의 크기에 상관없이 큰턱의 크기가 다양합니다.

알키데스왕넓적사슴벌레는 성질이 난폭하고 힘이 세므로 물리지 않도록 늘 조심해야 합니다. 특히 단치형에게 물릴 경우, 꽉 죄는 느낌이 다른 사슴벌레에 비해 훨씬 세기 때문에 크게 다칠 수도 있습니다.

사육할 때에는 일반적으로 단치형을 많이 볼 수 있지만, 번데기가 되기 전에 사육하는 매트의 습도를 높히면 장치형이 되곤 합니다.

알키데스왕넓적사슴벌레 수컷

알키데스왕넓적사슴벌레 단치형 수컷

장치형 수컷(인도네시아) 92mm

단치형 수컷(인도네시아) 88mm

세계에서 가장 길이가 긴 톱사슴벌레속
(Genus *Prosopocoilus*)

아시아부터 아프리카에 걸쳐 두루 분포하고 있는 톱사슴벌레속은 전 세계 사슴벌레 중 두 번째로 종류가 많고, 길이도 가장 깁니다. 길고 톱날 같은 내치가 있는 큰턱이 특징인데, 이 큰턱은 개체의 크기에 따라 차이가 많이 납니다. 갈색 계통이 가장 많은 편이지만 검정색이나 화려한 무늬를 가진 종도 있어요. 성격은 매우 난폭하고 활발한 편이며, 수명은 다른 사슴벌레보다 짧은 편이에요.

기라파톱사슴벌레 아종의 종류와 분포

학명	분포 지역
기라파톱사슴벌레 *Prosopocoilus giraffa giraffa* (원명 아종)	인도, 네팔, 부탄, 미얀마
인도기라파톱사슴벌레 *Prosopocoilus giraffa nilgiriensis*	인도 남부
보로부드르기라파톱사슴벌레 *Prosopocoilus giraffa borobudur*	인도네시아(자바섬, 발리섬, 수마트라섬)
케이수케이기라파톱사슴벌레 *Prosopocoilus giraffa keisukei*	인도네시아(롬복섬, 플로레스섬)
티모르기라파톱사슴벌레 *Prosopocoilus giraffa timorensis*	티모르섬
니시야마이기라파톱사슴벌레 *Prosopocoilus giraffa nishiyamai*	인도네시아(술라웨시섬)
니시카와이기라파톱사슴벌레 *Prosopocoilus giraffa nishikawai*	인도네시아(산기르섬)
마키타이기라파톱사슴벌레 *Prosopocoilus giraffa makitai*	필리핀(루손섬, 민도로섬)
다이수케이기라파톱사슴벌레 *Prosopocoilus giraffa daisukei*	필리핀(네그로스섬, 시브얀섬)

제브라톱사슴벌레 아종의 종류와 분포

학명	분포 지역
제브라톱사슴벌레 *Prosopocoilus zebra zebra* (원명 아종)	인도네시아, 말레이시아, 미얀마 남동부, 필리핀 팔라완
노부유키제브라톱사슴벌레 *Prosopocoilus zebra nobuyukii*	인도네시아(자바섬)
레데제브라톱사슴벌레 *Prosopocoilus zebra ledae*	필리핀(사마르섬, 민다나오섬)
루존제브라톱사슴벌레 *Prosopocoilus zebra luzonensis*	필리핀(루손섬)

오키피탈리스톱사슴벌레
(인도네시아) 50mm

집게톱사슴벌레
(마다가스카르) 45mm

나탈톱사슴벌레
(탄자니아) 45mm

대만두점박이톱사슴벌레
(대만) 63mm

긴턱톱사슴벌레
(인도네시아) 70mm
실제 크기의 0.8배

파브리스톱사슴벌레
(인도네시아) 63mm
실제 크기의 0.8배

아스타코이데스톱사슴벌레
(인도네시아) 65mm
실제 크기의 0.8배

세계 최고의 길이를 자랑하는
기라파톱사슴벌레

국명 기라파톱사슴벌레
학명 *Prosopocoilus giraffa* (Olivier, 1789)
분포 인도네시아, 말레이시아, 태국, 인도 북동부, 네팔, 부탄, 라오스, 필리핀
크기 수컷 35~118mm, 암컷 31~56mm
수명 6~7개월
사육 난이도 ★★

'기라파'라는 뜻은 라틴어로 '기린'을 뜻하는데, 기린의 목처럼 긴 큰턱을 보고 학명을 지었을 것이라고 추측합니다. 학명에서 보았듯이 기라파톱사슴벌레는 세계에서 가장 길이가 긴 사슴벌레입니다. 인도네시아 플로레스에 분포하는 케이수케이 기라파톱사슴벌레 아종 중에는 길이가 118mm인 세계 최대 개체가 나오기도 했어요. 톱사슴벌레 중 그다음으로 길이가 긴 사슴벌레는 중국, 베트남, 미얀마, 인도 등지에 서식하는 최대 길이 106mm의 콘퓨키우스톱사슴벌레(*Prosopocoilus confucius*)를 꼽을 수 있습니다.

어떻게 살아갈까?

산지성 톱사슴벌레로서 해발 500~1,000m의 열대 우림에 살고 있어요. 열대 우림의 수액에 모여들며, 높은 가지에 붙어 있어 산지의 원주민들은 큰 돌 등으로 나무를 쳐서 사슴벌레를 떨어뜨린 뒤, 채집한다고 합니다.

수컷(인도네시아) 100mm

생김새와 특징이 궁금해!

* 수컷

큰턱이 앞으로 길게 발달되어 있으며, 그 끝이 두 갈래로 갈라집니다. 큰턱의 앞부분에 있는 뾰족하고 긴 내치가 특징입니다. 몸은 전체적으로 약간 광택이 있는 검정색을 띠고, 앞가슴등판의 양쪽에 날카로운 돌기가 있어요.

기라파톱사슴벌레 수컷(필리핀)

* 암컷

수컷보다 검정색 광택이 더 강하고, 앞가슴등판은 마름모꼴을 하고 있어요.

재미있게 키우는 방법 (난이도 : ★★)

* 어른벌레 사육하기

온도는 25도 내외로 유지해 주고, 축축하고 습한 환경을 만들어 줘야 합니다.

* 알 받아 보기

온도는 약 25도 내외로 유지하고, 수컷이 매우 난폭하므로 짝짓기 한 뒤 암컷과 분리하여 알을 받아야 합니다. 주로 매트에 산란을 하므로 발효가 잘된, 입자가 곱고 축축한 톱밥을 쓰는 것이 좋습니다. 부드러운 산란나무를 사용해도 괜찮아요.

* 애벌레 사육하기

약 21~25도에서 사육하는 것이 좋습니다. 1령 애벌레 때부터 큰 병에 담아 키우고, 3령 애벌레 수컷의 경우 2,000cc 정도의 병에서 키우면 됩니다. 저온 사육을 하면 애벌레 기간이 길어지지만, 대형 개체를 얻을 수 있습니다.

　　균사 사육　가능 (약 8~14개월)
👍 **추천**　**발효 톱밥**　가능 (약 10~18개월)
　　재(材) 사육　약 2년

거울처럼 반짝이는 딱지날개
제브라톱사슴벌레

국명 제브라톱사슴벌레
학명 *Prosopocoilus zebra* (Olivier, 1789)
분포 말레이시아, 인도네시아, 미얀마 남동부, 필리핀
크기 수컷 21~54mm, 암컷 19~30mm
수명 3~5개월
사육 난이도 ★

아프리카의 얼룩말을 뜻하는 이름인 '제브라'에서 알 수 있듯이, 몸 전체에 퍼진 노란색과 검정색의 얼룩무늬가 현란하면서도 기품 있는 사슴벌레입니다. 딱지날개에 난 검정색 얼룩무늬는 거울처럼 주변 모습을 반사시키는데, 이것이 바로 제브라톱사슴벌레만의 매력이에요.

산지에 따라 총 4개의 아종으로 나누며, 인도네시아와 필리핀 등에서 주로 서식합니다. 산지에서는 해발 500~1,000m 내외에서 살고 있어요.

수컷(인도네시아) 45mm
실제 크기의 1.2배

제브라톱사슴벌레 소형 수컷

 ## 생김새와 특징이 궁금해!

* 수컷

대형 개체는 길고 내치가 적은 큰턱을 가지며, 소형 개체는 집게같이 생긴 작고 굵은 턱을 가집니다. 전반적으로 검정색과 연한 노란색 얼룩무늬를 띠고 있으며, 딱지날개는 얼굴이 비칠 정도로 광택이 강해요.

* 암컷

앞에서 본 제브라톱사슴벌레 소형 수컷

수컷과 마찬가지로 머리를 제외한 온몸에 얼룩무늬가 있고, 앞날개 역시 수컷처럼 광택이 납니다.

 ## 재미있게 키우는 방법 (난이도 : ★)

* 어른벌레 사육하기

온도는 25도 내외로 유지해 주고, 축축하고 습한 환경을 만들어 줍니다.

* 알 받아 보기

약 25도 내외로 온도를 유지해 줍니다. 산란할 때에는 부드러운 산란나무를 사용해도 되지만, 주로 매트에 알을 낳으므로 발효가 잘된, 입자가 곱고 축축한 톱밥을 쓰는 것이 좋아요.

* 애벌레 사육하기

약 20~25도에서 사육하는 것이 좋습니다.

균사 사육 가능 (약 5~8개월)
👍 **추천 발효 톱밥** 가능 (약 5~8개월)

곤충 애호가들의 사랑을 많이 받는 가위사슴벌레속
(Genus *Cyclommatus*)

　가위사슴벌레는 가위같이 생긴 큰턱과 다양하고 아름다운 금속성 광택으로 곤충 애호가들의 사랑을 받고 있는 종이지요. 속명인 '*Cyclommatus*'는 '둥근 눈'이란 뜻으로, 알같이 생긴 둥근 눈이 머리 양쪽으로 튀어나와 있어 붙은 이름입니다. 큰턱의 특징을 잘 살린 '가위사슴벌레'라는 우리말 이름이 훨씬 잘 어울리지요?

메탈리퍼가위사슴벌레 아종의 종류와 분포

학명	분포 지역
메탈리퍼가위사슴벌레 *Cyclommatus metallifer metallifer*(원명 아종)	인도네시아 술라웨시섬
피네메탈리퍼가위사슴벌레 *Cyclommatus metallifer finae*	인도네시아(펠렝섬, 방가이섬)
산기르메탈리퍼가위사슴벌레 *Cyclommatus metallifer sangirensis*	인도네시아 산기르섬
이소가일메탈리퍼가위사슴벌레 *Cyclommatus metallifer isogail*	인도네시아 술라제도
오타니메탈리퍼가위사슴벌레 *Cyclommatus metallifer otanii*	인도네시아 모로타이섬
할마헤라메탈리퍼가위사슴벌레 *Cyclommatus metallifer aenomicans*	인도네시아 할마헤라섬

엘라프스가위사슴벌레
(인도네시아) 92mm

메탈리퍼가위사슴벌레
(인도네시아) 78mm

임페라토가위사슴벌레
(인도네시아 W. IRIAN) 70mm

이그지미우스가위사슴벌레
(인도네시아 W. IRIAN) 50mm

쿠프레오니텐스가위사슴벌레
(인도네시아) 50mm

솔로몬가위사슴벌레
(솔로몬 제도) 50mm

다양한 빛깔의 금속 광택을 띠는
메탈리퍼가위사슴벌레

국명 메탈리퍼가위사슴벌레
학명 *Cyclommatus metallifer* (Boisduval, 1835)
분포 인도네시아 술라웨시·산기르·펠렝·뱅크루·할마헤라
크기 수컷 26~100mm, 암컷 23~28mm
수명 3~6개월
사육 난이도 ★★

　대형종일 경우 큰턱의 길이가 몸 길이보다 긴 사슴벌레가 바로 메탈리퍼가위사슴벌레입니다. 종명에서 알 수 있듯이 'Metal(금속)' 즉, 몸 전체에 금속 광택을 띠는 것이 특징입니다. 산지별로 여러 아종이 있는데, 금동 또는 녹색 금속 광택을 띠고, 펠렝섬의 피네메탈리퍼가위사슴벌레(*C. m. finae*) 아종이 가장 크기가 크답니다. 또한 파란색 금속 광택이 나는 종도 있는데 흔하지 않으며, 수집가들에게 높은 가격에 표본이 거래되고 있습니다.

메탈리퍼가위사슴벌레 수컷의 멋진 큰턱(인도네시아)

생김새와 특징이 궁금해!

✱ 수컷

강한 금속 광택을 띠며 주로 동색이지만, 파란색과 붉은색을 띠는 개체도 있습니다. 가장 큰 특징은 대형종일수록 몸집보다 긴 큰턱을 가지며, 큰턱의 중간에 뾰족한 큰 내치가 있다는 점입니다. 그리고 큰턱의 앞부분에는 톱니 같은 내치가 촘촘히 나 있어요. 또한 다른 사슴벌레보다 더듬이가 매우 큰 편입니다.

✱ 암컷

수컷에 비해 몸집이 매우 작으며, 금속 광택이 약합니다. 몸 전체적으로 어두운 적갈색을 띠고 있어요.

암컷(인도네시아) 23mm
실제 크기의 2배

〈수컷(인도네시아)의 크기와 색체 변이〉

88mm   78mm   60mm

어떻게 살아갈까?

메탈리퍼가위사슴벌레는 대부분 저지대에 서식하고 있는데, 술라 제도에 분포하는 아종은 해발 1,000m 내외에 서식하기도 합니다. 핑크색 꽃이 피는 동백과 식물의 꽃과 과실을 먹으며 주로 낮에 활동합니다.

암컷들은 새싹을 물어뜯어 거기서 나오는 즙액을 먹고, 수컷은 먹이를 먹는 암컷을 뒤에서 지키고 있는 모습이 자주 발견됩니다. 이 모습은 수컷의 경호 행동으로 보이며, 짝짓기를 끝내고 난 암컷을 다른 수컷으로부터 구애받지 않도록 하여 자신의 자손을 보호하기 위한 행동입니다. 기형적으로 길게 발달한 수컷의 큰 턱은 이러한 경호 행동을 수행하는 데 큰 도움이 되지요. 뒤에 나오는 람프리마사슴벌레(210쪽 참고)처럼 암수 모두 비행 능력이 뛰어난 편입니다.

재미있게 키우는 방법 (난이도 : ★★)

* 어른벌레 사육하기

온도는 25도 내외로 유지하고, 축축하고 습한 환경을 만들어 줍니다. 나뭇가지에 붙어 있는 것을 좋아하므로 잔가지를 넣어 세워 주는 것이 좋아요.

* 알 받아 보기

다른 가위사슴벌레보다 키우기 쉽고 산란도 잘해요. 온도는 25도 정도 내외를 유지하면 됩니다. 주로 매트에 산란하므로 발효가 잘된, 입자가 곱고 축축한 톱밥을 쓰는 것이 좋아요. 부드러운 산란나무를 사용해도 큰 무리는 없습니다.

* 애벌레 사육하기

약 18~23도에서 사육하는 것이 좋으며, 매트를 사용하는 것이 안전합니다. 암컷은 약 3개월 만에 우화하기도 해서 수컷과 우화 시기를 맞추기 쉽지 않아요.

　　　　균사 사육　가능 (약 3~12개월)
👍 추천 **발효 톱밥**　가능 (약 3~12개월)
　　　　재(材) 사육　약 6~12개월

메탈리퍼가위사슴벌레 수컷의 성난 모습

사슴뿔 같은 큰턱
엘라프스가위사슴벌레

국명 엘라프스가위사슴벌레
학명 *Cyclommatus elaphus* (Gestro, 1881)
분포 인도네시아 수마트라섬
크기 수컷 29~109mm, 암컷 25~35mm
수명 2~4개월
사육 난이도 ★★★★

　가위사슴벌레 중 가장 큰 종이며, 종명인 '*elaphus*(사슴)'에서 알 수 있듯이 큰 수사슴의 뿔처럼 멋지게 생긴 큰턱을 가지고 있는 것이 매력입니다.

　엘라프스가위사슴벌레는 메탈리퍼가위사슴벌레, 임페라토가위사슴벌레와 더불어 가위사슴벌레속을 대표하는 종입니다. 메탈리퍼가위사슴벌레보다 큰턱이 짧지만, 다른 사슴벌레에 비해서는 현저하게 긴 편입니다. 큰턱 3분의 1 정도 부위에 큰 내치가 있는 것이 특징입니다. 녹색, 적색, 갈색 등 색채 변이가 있는데, 그중 녹색 광택이 가장 아름답습니다.

　온도에 매우 민감해서 사육이 까다롭고 산란하기가 쉽지 않다는 단점이 있어요. 사육에 성공한다 해도 대형 개체를 얻기 어려워요. 그래서 90mm 이상의 표본은 매우 높은 가격에 거래됩니다. 현재까지 최고 길이는 109mm로 기록되어 있습니다.

　주로 해발 1,200~1,700m의 고산지에 서식하며, 수마트라섬에서는 등화법으로 채집합니다. 인도네시아의 북부에 분포하는 적색형의 개체들은 내치의 형태가 다른 점 등으로 최근 별종으로 분리되어 투룬카투스가위사슴벌레(*Cyclommatus truncatus*)로 구분하고 있습니다.

생김새와 특징이 궁금해!

✱ 수컷

녹색 금속 광택이나 붉은 갈색 계열의 색을 띠고 있어요. 큰턱은 사슴뿔처럼 크고 길게 발달되어 있으며, 안으로 둥글게 굽어져 있습니다. 큰턱의 기부에는 마치 코끼리의 상아처럼 내치가 나 있습니다. 눈은 동그랗게 돌출되어 있으며, 더듬이는 메탈리퍼가위사슴벌레처럼 매우 크고 길게 발달되어 있어요.

✱ 암컷

어두운 적색이나 붉은 갈색을 띠고, 몸 전체는 길쭉한 편입니다. 수컷보다 크기가 매우 작아요.

엘라푸스가위사슴벌레 수컷
(인도네시아 수마트라섬 남부) 92mm

투룬카투스가위사슴벌레 수컷
(인도네시아 수마트라섬 북부) 60mm

암컷(인도네시아 수마트라섬)
25mm **실제 크기의 1.9배**

재미있게 키우는 방법 (난이도 : ★★★★)

* 어른벌레 사육하기
온도는 20도 이하를 유지하고, 축축하고 습하게 환경을 만들어 줍니다. 고온에 매우 약하므로 항상 주의해야 해요.

* 알 받아 보기
온도는 20도 이하로 유지시키고, 산란을 할 경우 매트를 사용하면 효과가 크므로 발효가 잘된, 입자가 곱고 축축한 톱밥을 쓰는 것이 좋아요. 산란나무를 쓸 때에는 부드러운 것을 사용해야 합니다.

* 애벌레 사육하기
약 18~20도에서 사육하는 것이 좋아요. 산란에 성공해도 애벌레를 사육하는 과정에서 많은 개체가 죽을 만큼 사육하기에 어려운 종이라는 것을 알아 두세요.

👎 **비추천** 균사 사육
👍 **추천** 발효 톱밥 가능 (약 6~15개월)

길고 멋진 큰턱을 자랑하는 엘라프스가위사슴벌레 수컷

옆에서 본 엘라프스가위사슴벌레 수컷

앞에서 본 엘라프스가위사슴벌레 수컷

굵은 턱이 매력적인 큰턱사슴벌레속
(Genus *Hexarthrius*)

큰턱사슴벌레속은 인도, 중국, 동남아시아에 분포하는 중대형 사슴벌레로서 지금까지 약 12종이 기록되어 있습니다. 촉각의 끝이 여섯 마디로 되어 있는 것이 다른 사슴벌레와 구별되는 특징이며, 성격이 매우 사나운 편이에요.

패리큰턱사슴벌레 아종의 종류와 분포

학명	분포 지역
패리큰턱사슴벌레 *Hexarthrius parryi parryi* (원명 아종)	인도 북동부
태국패리큰턱사슴벌레 *Hexarthrius parryi deyrollei*	미얀마 남동부, 태국 북부
말레이시아패리큰턱사슴벌레 *Hexarthrius parryi paradoxus*	말레이시아, 인도네시아 수마트라섬
보르네오패리큰턱사슴벌레 *Hexarthrius parryi elongatus*	보르네오섬

만디블라리스큰턱사슴벌레 아종의 종류와 분포

학명	분포 지역
만디블라리스큰턱사슴벌레 *H. mandibularis mandibularis* (원명 아종)	보르네오섬
수마트라만디블라리스큰턱사슴벌레 *H. mandibularis sumatranus*	인도네시아 수마트라섬

만디블라리스큰턱사슴벌레
(인도네시아) 95mm

패리큰턱사슴벌레
(인도네시아) 85mm

포스터리큰턱사슴벌레
(미얀마) 67mm

리노케로스큰턱사슴벌레
(인도네시아) 70mm

부케티큰턱사슴벌레
(인도네시아) 73mm

곤충계의 폭군
패리큰턱사슴벌레

국명 패리큰턱사슴벌레
학명 *Hexarthrius parryi* (Hope, 1842)
분포 인도네시아 수마트라섬, 말레이시아, 태국 북부, 미얀마 남동부, 인도 북동부
크기 수컷 48~95mm, 암컷 40~51mm
수명 3~6개월
사육 난이도 ★★

패리큰턱사슴벌레는 인도에서 동남아시아 섬들에 이르기까지 폭넓게 분포하고 있는 종입니다.

수컷 가운데에는 90mm가 넘는 대형종이 발견되었으며, 성격과 생김새가 사슴벌레 중 둘째 가라면 서러울 정도로 폭군 중의 폭군입니다. 말레이시아에서는 11~12월 우기에 가장 많이 볼 수 있습니다.

산지에서는 개체 수가 많고 쉽게 볼 수 있는 종입니다. 하지만 높은 나뭇가지에 붙어 살고 있어서 채집하기 위해서는 현지인들이 나무를 타고 올라가 가지를 흔들어 바닥으로 떨어뜨려야 해요.

이 밖에 패리큰턱사슴벌레에 대한 생태 정보들은 안타깝게도 많이 수집되지 않아서 좀 더 연구가 필요합니다.

수컷(인도네시아) 85mm

생김새와 특징이 궁금해!

✱ 수컷

전체적으로 검정색을 띠며, 큰턱은 굵고 위에서 아래로 굽으면서 끝부분이 두 갈래로 갈라집니다. 딱지날개에는 광택이 있고 뒷부분의 양쪽은 적갈색을 띠고 있어요.

✱ 암컷

몸 전체가 검정색이며 광택이 약간 있습니다.

재미있게 키우는 방법 (난이도 : ★★)

✱ 어른벌레 사육하기

온도는 25도 내외로 유지해 주고, 축축하고 습한 환경을 만들어 줘야 해요.

✱ 알 받아 보기

온도는 25도 정도 내외를 유지해 주고, 수컷이 매우 난폭하므로 짝짓기 한 뒤 암컷과 분리하여 알을 받아야 합니다. 주로 부드러운 산란나무의 표면에 산란하기 때문에 껍질을 벗겨 주는 것이 좋아요. 매트를 쓸 때는 발효가 잘된, 입자가 곱고 축축한 톱밥을 쓰도록 권장합니다.

✱ 애벌레 사육하기

약 22~24도의 온도에서 사육하는 것이 좋습니다.

균사 사육 가능 (약 8~14개월)
👍 **추천 발효 톱밥** 가능 (약 8~14개월)

앞에서 본 패리큰턱사슴벌레 수컷

쇠스랑 같은 큰턱!
만디블라리스큰턱사슴벌레

국명 만디블라리스큰턱사슴벌레
학명 *Hexarthrius mandibularis* (Deyrolle, 1881)
분포 보르네오섬, 인도네시아 수마트라섬
크기 수컷 48~115mm, 암컷 41~52mm
수명 3~6개월
사육 난이도 ★★★

수컷(인도네시아) 95mm

팔라완왕넓적사슴벌레, 기라파톱사슴벌레와 더불어 세계 3대 초대형 사슴벌레 중 하나이며, 최대 115mm 개체가 있다고 기록되었습니다. 성격 또한 아주 사나워서 싸우는 모습을 보면 그 투지에 반하게 됩니다.

턱에 있는 내치의 위치에 따라 두 아종으로 나누는데, 내치가 한가운데에 있는 것이 수마트라산이며, 비교적 안쪽에 내치가 위치해 있는 것이 보르네오산입니다.

110mm가 넘는 대형 개체는 표본 수집가들에게 인기가 좋지만 일 년에 몇 마리 안 잡힐 정도로 희귀하다고 해요.

몸 전체는 갈색이 섞인 검정색이며, 큰턱은 아랫부분이 굵고 위에서 아래로 굽으면서 곧게 뻗어나 끝에서 뾰족해집니다.

어떻게 살아갈까?

보르네오섬에서는 해발 1000m 내외의 산지에서 서식하며 이 지역의 생태에 대해서는 알려져 있지 않습니다. 수마트라섬에서는 해발 500m 내외의 고온 다습한 열대 우림에서 서식하며, 원주민들은 나무껍질에 상처를 내서 수액을 나오게 한 뒤, 수액에 모인 만디블라리스큰턱사슴벌레를 주로 등화법으로 채집한다고 합니다.

 ## 생김새와 특징이 궁금해!

＊ 수컷

전체적으로 흑색을 띠지만, 앞날개에는 적갈색 빛이 약간 돌면서 광택이 납니다. 큰턱은 약간 위로 들려 있고 아래로 내려가면서 길게 뻗어 있습니다. 가운데 부분에 뾰족하면서도 큰 내치가 있고, 큰턱 내부에 작은 내치들이 고르게 나 있어요.

옆에서 본 만디블라리스큰턱사슴벌레 수컷

＊ 암컷

몸 전체가 검정색을 띠고 있으며 광택이 납니다.

 ## 재미있게 키우는 방법 (난이도 : ★★★)

＊ 어른벌레 사육하기

온도는 25도 내외로 유지해 줘야 하고, 축축하고 습한 환경을 만들어 줍니다.

＊ 알 받아 보기

온도는 약 25도 내외로 유지해 주고, 수컷이 매우 난폭하므로 짝짓기 한 뒤 암컷과 분리하여 알을 받아야 합니다. 주로 부드러운 산란나무의 표면에 산란하기 때문에 나무껍질을 벗겨 주는 것이 좋아요. 매트를 쓸 때는 입자가 곱고 축축하고 발효가 잘된 것을 쓰도록 권장합니다.

＊ 애벌레 사육하기

약 20~23도의 온도에서 사육하는 것이 좋아요.

👍 **추천** **균사 사육** 가능 (약 8~14개월)

　　　　발효 톱밥 가능 (약 8~14개월)

화려한 생김새로 유혹하는 그 외 사슴벌레들

화려한 색을 뽐내는 뮤엘러리사슴벌레

흔히 사슴벌레 하면 수사슴 뿔처럼 큰턱에 난 폭한 성격, 우락부락한 몸을 가진 모습만 떠올릴 것입니다.

하지만 다음에 소개하는 사슴벌레들은 열대 식물의 빛깔보다 더 강렬하고 보석보다 더 화려한 광택을 뿜어냅니다.

번쩍번쩍한 광택과 다채로운 색상을 지닌 세상에서 가장 아름다운 사슴벌레들을 구경해 보고, 그 아름다움에 빠져 보세요!

람프리마사슴벌레속의 종류와 분포

학명	분포 지역
람프리마사슴벌레 *Lamprima adolphinae*	파푸아 뉴기니
아우라타람프리마사슴벌레 *Lamprima aurata*	오스트레일리아 퀸즐랜드
라트레일람프리마사슴벌레 *Lamprima latreillei*	오스트레일리아 퀸즐랜드
인수라리스람프리마사슴벌레 *Lamprima insularis*	로드하우스섬
미카르디람프리마사슴벌레 *Lamprima micardi*	오스트레일리아 남서부

타란두스광사슴벌레(콩고) 70mm 실제 크기의 0.9배

로젠버기황금사슴벌레(인도네시아) 68mm 실제 크기의 0.9배

람프리마사슴벌레(파푸아 뉴기니) 50mm

뮤엘러리사슴벌레(오스트레일리아) 60mm

황금사슴벌레속의 종류와 분포

학명	분포 지역
로젠버기황금사슴벌레 *Allotopus rosenbergi*	인도네시아 자바섬 서부
모엘렌캄피황금사슴벌레 *Allotopus moellenkampi moellenkampi*	인도네시아 수마트라섬
보르네오황금사슴벌레 *Allotopus moellenkampi fruhstorferi*	보르네오섬
말레이시아황금사슴벌레 *Allotopus moellenkampi moseri*	말레이시아
바바이황금사슴벌레 *Allotopus moellenkampi babai*	말레이시아 북부

현란한 색채의 마술사
람프리마사슴벌레

국명 람프리마사슴벌레
학명 *Lamprima adolphinae* (Gestro, 1875)
분포 파푸아 뉴기니, 인도네시아 이리안자야
크기 수컷 23~50mm, 암컷 22~25mm
수명 2~4개월
사육 난이도 ★★

람프리마사슴벌레 수컷의 성난 모습

나뭇가지 끝에 매달린 람프리마사슴벌레 암컷들

파푸아 뉴기니에 서식하는 람프리마사슴벌레는 개체에 따라 색의 변화가 매우 다양해 표본을 수집하거나 사육하는 데에 재미를 붙이기 쉬운 종입니다.

가장 기본색인 녹색부터 금색, 붉은색, 파란색, 검정색, 은색, 보라색까지 다양한 색이 있고, 특히 암컷은 밝은 금속성 광택을 내기 때문에 더욱 환상적으로 다가옵니다. 그래서 '색채의 마술사'라는 별명이 항상 람프리마사슴벌레에게 따라다닙니다.

사육을 하면서 산란에 성공할 경우, 부모의 색과 같은 색이 나오지 않고 여러 색이 다양하게 나오므로 더욱 흥미롭습니다.

생김새와 특징이 궁금해!

* 수컷

몸 전체가 금속성 광택을 띠고 녹색, 붉은색, 검정색, 파란색, 보라색, 은색 등 여러 색을 다양하게 띠는 개체 변이가 있습니다. 그중 녹색 계열이 가장 흔하지만, 암컷처럼 광택이 강하지는 않습니다. 배면의 금속 광택은 여러 색이 섞여 있어서 더욱 화려해요. 큰턱은 위에서 보면 V 자 형태이고, 아래에서 위를 향해 솟아 있으며, 내부에 톱니 같은 내치가 있어요. 앞가슴등판은 반원 모양이며, 앞다리에는 줄기를 자를 수 있는 날카로운 칼날 같은 부채 모양의 돌기가 있습니다.

* 암컷

수컷보다 몸의 크기가 작으며, 광택이 강하고 몸의 색 또한 수컷보다 더 다양하고 진한 것이 특징이에요.

〈수컷(파푸아 뉴기니)의 크기와 색채 변이〉

50mm

45mm

48mm

〈암컷(파푸아 뉴기니)의 크기와 색채 변이〉

25mm 실제 크기의 1.3배

24mm 실제 크기의 1.3배

어떻게 살아갈까?

해발 900~1,700m의 고산지에 살고 있으며, 식물의 줄기에 상처를 낸 뒤 그 즙액을 먹습니다. 수컷은 큰턱을 집게처럼 이용하여 줄기에 몸을 매답니다. 그런 다음, 앞다리에 나 있는 부채 모양의 날카롭고 얇은 돌기를 칼처럼 사용해 줄기를 잘라 즙액이 나오게 합니다. 이 즙액을 먹으러 암컷이 날아오면 그때 수컷이 암컷을 차지하고 짝짓기를 합니다.

재미있게 키우는 방법 (난이도 : ★★)

* 어른벌레 사육하기

25도 내외로 온도를 유지하고, 습도는 너무 축축하거나 건조하게 하지 않으면 됩니다. 나뭇가지에 붙어 있는 것을 좋아하므로 잔가지를 많이 넣어 주도록 해요.

* 알 받아 보기

저온에서는 활동을 하지 않으므로 20도 이상으로 유지해 주어야 합니다. 주로 부드러운 산란 나무의 표면에 산란하기 때문에 껍질을 벗겨 주는 것이 좋습니다. 매트를 쓸 때는 입자가 곱고 축축하며 발효가 잘된 것을 써야 해요.

* 애벌레 사육하기

약 20~25도에서 사육하는 것이 좋습니다. 암수 모두 500cc 정도의 작은 병 안에서도 충분히 어른벌레로 우화할 수 있어요.

균사 사육 가능 (약 4~8개월)
👍 **추천 발효 톱밥** 가능 (약 4~8개월)
재(材) 사육 약 6~10개월

엉덩이가 뾰족한 람프리마사슴벌레 3령 애벌레

광택이 강한 람프리마사슴벌레 암컷

앞에서 본 람프리마사슴벌레 수컷

마주보고 있는 수컷들

무지개처럼 눈부시게 아름다운
뮤엘러리사슴벌레

국명 뮤엘러리사슴벌레(무지개사슴벌레)
학명 *Phalacrognathus muelleri* (MacLeay, 1885)
분포 오스트레일리아 퀸즐랜드
크기 수컷 36~70mm, 암컷 25~36mm
수명 1~2년
사육 난이도 ★★

세계에서 가장 아름다운 사슴벌레를 꼽는다면 어떤 것일까요? 물론 저마다 생각하는 종이 조금씩 다르겠지만 많은 사람이 제일 많이 꼽는 것이 오스트레일리아의 뮤엘러리사슴벌레일 거예요. '무지개사슴벌레'라는 별칭처럼 몸 전체가 눈이 부실 정도로 광택이 나고, 보는 각도에 따라 색이 아름답게 변합니다.

일본에서는 1999년에 다른 종들보다 먼저 수입이 허가되었어요. 희귀하고 생김새가 다른 사슴벌레보다 뛰어나게 아름다워서 처음에는 높은 가치를 뽐냈습니다. 사육이 비교적 쉬운 편이며, 지금은 예전보다 가치가 낮은 편입니다. 하지만 서식지인 오스트레일리아에서 동식물 반출을 엄격히 금지하고 있고, 서식지가 국립공원으로 지정되어 있어 야생 상태의 개체를 얻기란 쉽지 않아요.

대형 뮤엘러리사슴벌레 수컷

몸 전체에서 광택이 나는 뮤엘러리사슴벌레(위쪽 / 아래쪽)

생김새와 특징이 궁금해!

✱ 수컷

전체적으로 녹색을 띠며 광택이 매우 강합니다. 앞날개에는 양쪽으로 붉은색 줄무늬가 있어 무지갯빛 광택을 냅니다. 큰턱은 위에서 보면 'V' 자 형태로 솟아 있으며, 기부에 바깥쪽으로 내치가 솟아 있어요. 큰턱과 다리는 검정색을 띠고, 배면 역시 전체가 녹색 광택을 띠고 있습니다.

✱ 암컷

수컷과 같이 무지갯빛 광택을 띠며, 앞가슴등판과 앞날개에 희미한 점열이 있는 것이 특징이에요. 큰턱은 위쪽으로 솟아 있지만, 기부에서 아래쪽으로 날카로운 턱이 하나 있어 산란할 때 나무를 파는 데 쓰입니다.

수컷(오스트레일리아 퀸즐랜드) 60mm
실제 크기의 1.5배

암컷(오스트레일리아 퀸즐랜드) 35mm
실제 크기의 1.7배

 **여기서 잠깐!**

Q 뮤엘러리사슴벌레의 화려한 색과 광택은 어떻게 해서 생긴 것일까?

A 뮤엘러리사슴벌레와 람프리마사슴벌레처럼 화려한 색을 띠고 있는 사슴벌레들은 대부분 낮에 활동을 많이 합니다. 이 곤충들은 강한 열대 우림의 햇볕으로부터 체온을 유지하기 위해 들어오는 빛을 반사시키다 보니 화려한 광택을 내는 형태로 진화한 것입니다. 우리나라에서도 '풍이'나 낮에 활동하는 '잎벌레' 등이 체온을 유지하기 위해 화려한 광택을 띠고 있는 것을 보면 자연의 신비로움에 감탄하지 않을 수 없겠죠?

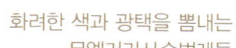

화려한 색과 광택을 뽐내는 뮤엘러리사슴벌레들

어떻게 살아갈까?

파푸아 뉴기니에도 아종이 분포하고 있지만, 주로 오스트레일리아의 퀸즐랜드 북동부의 열대 우림에서 서식합니다. 해발 700m 이상의 어둡고 습한 열대 우림의 환경에서 대부분 살고 있어요. 어른벌레는 수액에 모여 있는 것을 볼 수 있으며, 애벌레는 백색의 버섯 균이 있는 나무속에서 찾아볼 수 있습니다.

재미있게 키우는 방법 (난이도 : ★★)

✻ 어른벌레 사육하기

'오스트레일리아의 왕사슴벌레'라고 생각해도 될 만큼 왕사슴벌레와 사육법이 거의 비슷하므로 쉽게 키울 수 있어요. 온도만 20~25도 내외로 유지해 주면 됩니다.

✻ 알 받아 보기

온도는 약 20~25도로 유지하는 것이 좋으며, 저온에도 강한 편입니다. 한 마리의 암컷이 최대 30~50개까지 알을 낳는데, 주로 굵고 부드러운 산란나무에 낳는 것을 좋아해요. 매트를 쓸 경우에는 입자가 곱고 축축하며 발효가 잘된 것을 쓰는 것이 좋습니다.

뮤엘러리사슴벌레 3령 애벌레

✻ 애벌레 사육하기

약 20~25도의 온도가 적당합니다. 균사 사육을 하면 60mm 이상의 수컷을 키워 낼 수 있어요.

👍 **추천** **균사 사육** 가능 (약 6~12개월)
　　　발효 톱밥 가능 (약 6~12개월)

뮤엘러리사슴벌레 수컷의 날개돋이 장면

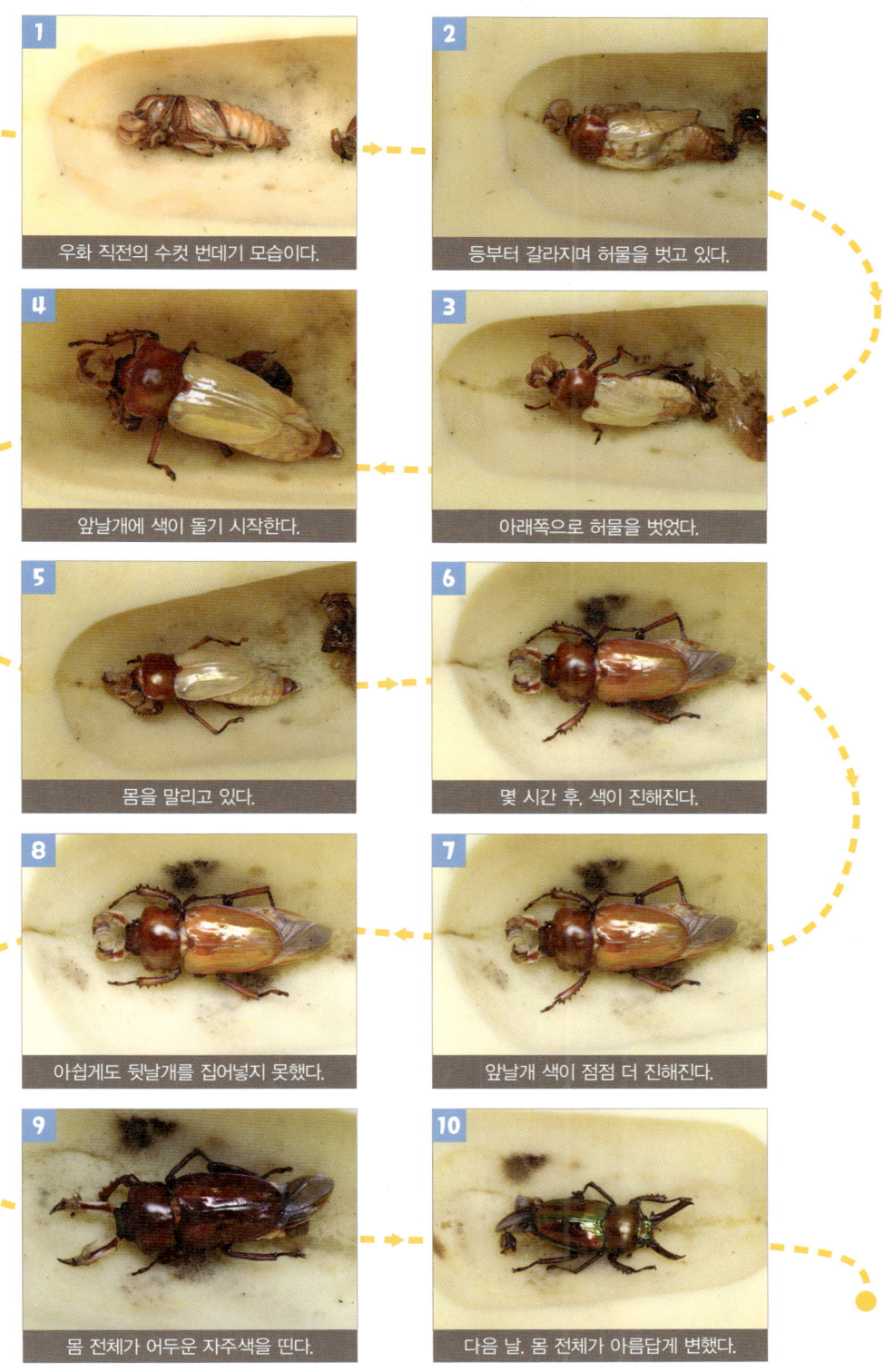

1. 우화 직전의 수컷 번데기 모습이다.
2. 등부터 갈라지며 허물을 벗고 있다.
3. 아래쪽으로 허물을 벗었다.
4. 앞날개에 색이 돌기 시작한다.
5. 몸을 말리고 있다.
6. 몇 시간 후, 색이 진해진다.
7. 앞날개 색이 점점 더 진해진다.
8. 아쉽게도 뒷날개를 집어넣지 못했다.
9. 몸 전체가 어두운 자주색을 띤다.
10. 다음 날. 몸 전체가 아름답게 변했다.

황금색 변장의 대가
로젠버기황금사슴벌레

국명 로젠버기황금사슴벌레
학명 *Allotopus rosenbergi* (Snellen van Vollenhoven, 1872)
분포 인도네시아 자바섬 서부
크기 수컷 42~82mm, 암컷 42~54mm
수명 3~6개월
사육 난이도 ★★★★

사람들은 로젠버기황금사슴벌레의 황금색을 직접 눈으로 보면서도 실제 색상이라고 믿지 못하는 경우가 많습니다. 왜냐하면 너무 멋있기 때문이지요. 하지만 실제 색깔이 분명하고, 습도가 높은 곳에서는 황금색이 검게 변합니다. 그리고 건조해지면 다시 황금색으로 돌아오는 특징이 있습니다.

로젠버기황금사슴벌레는 같은 속의 모엘렌캄피황금사슴벌레와 전체적인 외형은 비슷하나, 큰턱의 가운데 부분이 굽어 있는 모습으로 구별합니다.

고산지에 서식하며, 생태가 매우 까다로운 편이라 아쉽게도 사육하기가 쉽지 않습니다.

로젠버기황금사슴벌레 수컷

눈과 다리만 빼고 모두 황금색을 띠는 로젠버기황금사슴벌레

옆에서 본 로젠버기황금사슴벌레 수컷

생김새와 특징이 궁금해!

* 수컷

몸 전체가 황금색이며, 부절과 발톱, 더듬이만 검정색입니다. 하지만 몸에 물이 닿거나 습한 곳에 있으면 황금색 몸이 검정색으로 변하며, 물기가 마르면 다시 황금색으로 변해요. 그리고 몸이 긁히면 황금색이 벗겨지면서 검정색이 드러나게 됩니다. 큰턱은 안으로 굽다가 다시 바깥쪽으로 솟아 있으며, 끝부분은 두 갈래로 갈라져 있어요.

* 암컷

수컷과 마찬가지로 몸 전체가 황금색이며, 머리와 앞가슴등판, 앞날개에 작은 점열이 있는 것이 특징이에요.

수컷(인도네시아 자바섬) 65mm
실제 크기의 1.5배

암컷(인도네시아 자바섬) 45mm
실제 크기의 1.5배

 ## 어떻게 살아갈까?

해발 1,000m 내외의 산지에서 살고 있으며, 수액에 모여들기도 하고 등화법으로 채집되기도 합니다. 하지만 이 곤충의 생태에 대해서는 많이 알려지지 않았어요.

 ## 재미있게 키우는 방법 (난이도 : ★★★★)

✱ 어른벌레 사육하기

온도는 약 23~25도가 가장 좋으며, 습도는 약간 높아야 합니다. 먹이를 많이 먹는 편이므로 자주 먹이를 넣어 주세요.

✱ 알 받아 보기

온도는 약 23~25도로 맞춰 줍니다. 산란나무에 긴 터널을 파고 그 안에서 산란을 하는데, 운지버섯(구름버섯)

손바닥 위에 올려진 로젠버기황금사슴벌레. 황금색인 배면

을 재배한 나무를 산란나무로 사용해야 효과를 높일 수 있어요. 매트를 쓸 경우에는 입자가 곱고 축축하며 발효가 잘된 것을 쓰는 것이 좋습니다.

✱ 애벌레 사육하기

약 22~25도의 온도에서 사육합니다. 일반 느타리계를 배양한 균사 사육이 아닌, 운지버섯의 균사 사육을 해야 실패하지 않고 사육할 수 있어요.

👍 **추천** **균사 사육** 가능 (약 6~10개월) 단, 운지버섯 균사를 사용할 경우
👎 **비추천** 발효 톱밥

에나멜 코팅처럼 빛나는 광택
타란두스광사슴벌레

국명 타란두스광사슴벌레
학명 *Mesotopus tarandus* (Swederus, 1787)
분포 아프리카 중부~서부
크기 수컷 60~92mm, 암컷 39~54mm
수명 1~2년
사육 난이도 ★★★★

▲ 몸이 번쩍번쩍 빛나는 타란두스광사슴벌레

▲ 멋진 큰턱을 자랑하는 타란두스광사슴벌레

전시 표본을 보고 종종 사람들이 에나멜을 칠한 줄 알고 착각하는 사슴벌레가 있는데, 바로 아프리카 사슴벌레를 대표한다고 할 수 있는 타란두스광사슴벌레입니다.

타란두스광사슴벌레는 다른 사슴벌레와 달리, 적을 경계할 때 특이한 행동을 취합니다. 몸을 건드리면 온몸을 '부르르' 떨면서 경계 태세를 취하는데, 그 모습이 마치 휴대폰이 진동하는 것처럼 보입니다.

수년 전만 해도 사육하는 게 무척 어려웠지만, 최근에 사육 방법이 공개되고 전용 사육 용품들이 나와 일본에서 많은 인기를 끌고 있습니다. 사육법은 로젠버기황금사슴벌레와 거의 비슷해요.

생김새와 특징이 궁금해!

* 수컷

온몸이 검정색이며, 에나멜을 칠한 듯 광택이 강합니다. 큰턱은 대형 개체일수록 굽어 있고, 초대형 수컷일 경우 90mm를 넘어요.

* 암컷

전반적으로 뚱뚱하고 동그란 모양을 하고 있으며, 수컷과 마찬가지로 검정색 광택이 강해요.

어떻게 살아갈까?

아프리카 중부에서 서부에 걸쳐 분포하고 있으며, 주로 우기에 가장 많이 볼 수 있습니다. 생긴 모습과는 다르게 매우 민감하여, 수액을 먹고 있는 근처에만 가도 다리를 오므려 바닥으로 떨어져 쉽게 채집할 수가 없어요. 하지만 등화법으로 채집할 수 있는데, 이때에는 주로 수컷이 많이 날아옵니다.

수컷(콩고) 70mm

암컷(콩고) 45mm

재미있게 키우는 방법 (난이도 : ★★★★)

✱ 어른벌레 사육하기

온도는 약 23~26도가 가장 좋고, 습도는 약간 축축한 정도가 적당합니다.

✱ 알 받아 보기

온도는 약 23~26도로 유지합니다. 운지버섯을 재배한 나무를 산란나무로 사용해야 효과를 높일 수 있습니다. 또는 운지 균사병의 뚜껑을 열어 마치 산란나무를 설치한 듯 해 놓으면 암컷이 그 속에 들어가 산란을 하기도 합니다. 매트를 쓸 경우에는 발효가 잘된 입자가 곱고 축축한 것을 쓰는 것이 좋아요.

✱ 애벌레 사육하기

약 22~26도의 온도에서 사육해야 합니다. 일반 느타리계를 배양한 균사 사육이 아닌, 운지버섯(구름버섯)의 균사 사육을 해야 실패하지 않고 사육할 수 있어요.

👍 **추천** **균사 사육** 가능 (약 6~10개월) 단, 운지버섯 균사를 사용할 경우
👎 **비추천** **발효 톱밥**

곤충 지식 플러스

Q 이 세상에서 가장 싸움을 잘하는 사슴벌레는 무엇일까?

A 일본에서는 세계 최강의 곤충을 뽑는 대회가 종종 열립니다. 그동안 대회 전적을 살펴보면 동남아시아의 왕넓적사슴벌레는 최강의 싸움꾼이에요. 다른 힘센 곤충도 많은데 어떻게 가장 싸움을 잘하는 곤충이 될 수 있었을까요?
왕넓적사슴벌레는 몸길이가 100mm나 되고 체격도 좋지만 이보다 무섭고 난폭한 성격 덕분에 세계 최강이 될 수 있었어요. 나무에서 떨어지지 않는 강한 다리 힘과, 적을 한 방에 물어 치명적인 상처를 입힐 수 있는 강한 큰턱도 최대의 무기이고요. 납작하게 몸을 만들어서 상대방의 아래로 파고들어 뒤집는 실력도 대단합니다. 이렇게 힘과 체격뿐 아니라, 실력과 무기가 있어야 일인자가 될 수 있다는 사실, 기억하세요!

상대를 번쩍 들어 올린
사슴벌레 수컷

7장

신기해요! 세계의 장수풍뎅이

이번에 알아볼 세계의 장수풍뎅이는 약 200개 속 1,600여 종이 전 세계에 고루 분포하고 있습니다. 사슴벌레는 아시아에 많은 종이 분포하고 있지만, 장수풍뎅이는 남미 대륙에 대부분의 종이 분포하고 있는 것이 특징이에요. 이제 세계의 대표적인 장수풍뎅이들을 알아보고 사육하는 방법도 배워 보도록 해요!

장수풍뎅이를 대표하는
왕장수풍뎅이속
(Genus *Dynastes*)

장수풍뎅이의 왕자인 헤라클레스왕장수풍뎅이가 속한 *Dynastes*속은 아메리카 대륙 전체에 걸쳐 분포하고 있으며, 세계의 장수풍뎅이 중 가장 대표적인 속입니다. 북아메리카와 중앙아메리카의 종은 대부분 우리나라 장수풍뎅이 정도 크기의 중소형이지만, 남아메리카에는 초대형 종이 많아요. 왕장수풍뎅이속은 머리에서 솟은 뿔과 앞가슴등판에서 솟은 긴 뿔이 특징인데, 뿔에 있는 내치의 위치와 형태 등으로 종을 구별할 수 있어요. 종에 따라 딱지날개의 색도 다양해서 곤충 애호가들이 매력을 느끼는 장수풍뎅이입니다.

헤라-헤라(왼쪽)와 헤라-리키(오른쪽)의 결투

헤라클레스왕장수풍뎅이 아종의 종류와 분포

학명	분포 지역
헤라-헤라 *Dynastes hercules hercules* (원명 아종)	과들루프섬(프랑스령), 도미니카 연방
헤라-리키 *Dynastes hercules lichyi*	베네수엘라, 콜롬비아, 에콰도르, 페루
헤라-에콰 *Dynastes hercules ecuatorianus*	브라질, 콜롬비아, 에콰도르, 볼리비아
헤라-셉텐 *Dynastes hercules septentrionalis*	과테말라, 온두라스, 코스타리카, 파나마, 니카라과, 멕시코 남부
헤라-옥시 *Dynastes hercules occidentalis*	콜롬비아, 에콰도르, 파나마
헤라-트리니 *Dynastes hercules trinidalensis*	트리니다드 토바고
헤라-브레우제니 *Dynastes hercules bleuzeni*	베네수엘라 동부
헤라-파스코알리 *Dynastes hercules paschoali*	브라질 동남부
헤라-타카쿠와이 *Dynastes hercules takakuwai*	브라질 서부
헤라-모리시마이 *Dynastes hercules morishimai*	볼리비아
헤라-툭스라엔시스 *Dynastes hercules tuxlaensis*	멕시코 남부
헤라-레이디 *Dynastes hercules reidi*	세인트루시아
헤라-바우드리 *Dynastes hercules baudrii*	마르티니크(프랑스령) 북부

넵튠왕장수풍뎅이 아종의 종류와 분포

학명	분포 지역
넵튠왕장수풍뎅이 *Dynastes neptunus neptunus* (원명 아종)	콜롬비아, 에콰도르, 페루 북서부
로치넵튠왕장수풍뎅이 *Dynastes neptunus rouchei*	베네수엘라 북서부

흰장수풍뎅이류의 종류와 분포

학명	분포 지역
그란티흰장수풍뎅이 *Dynastes grantii*	미국 서부
티티우스흰장수풍뎅이 *Dynastes tityus*	미국 동남부
힐루스흰장수풍뎅이 *Dynastes hyllus hyllus*	멕시코, 과테말라
모론흰장수풍뎅이 *Dynastes moroni*	멕시코 베라크루즈
미야시타흰장수풍뎅이 *Dynastes miyashitai*	멕시코 푸에블라주
마야흰장수풍뎅이 *Dynastes maya*	멕시코, 과테말라, 온두라스

그란티흰장수풍뎅이 (미국) 65mm

티티우스흰장수풍뎅이 (미국) 50mm

사탄왕장수풍뎅이(볼리비아) 92mm 실제 크기의 0.7배

넵튠왕장수풍뎅이(베네수엘라) 140mm 실제 크기의 0.6배

헤라-헤라(과들루프) 140mm 실제 크기의 0.7배

헤르-리키(페루) 148mm 실제 크기의 0.7배

헤라-옥시(에콰도르) 138mm 실제 크기의 0.7배

헤르-에콰(에콰도르) 140mm 실제 크기의 0.7배

긴 뿔을 가진 장사
헤라클레스왕장수풍뎅이

국명 헤라클레스왕장수풍뎅이
학명 *Dynastes hercules* (Linneaus, 1758)
분포 과들루프, 도미니카 연방, 베네수엘라, 콜롬비아, 에콰도르, 브라질, 볼리비아, 과테말라, 온두라스, 파나마, 코스타리카, 니카라과, 트리니다드 토바고, 멕시코, 세인트루시아, 마르티니크
크기 수컷 46~178mm, 암컷 47~80mm
수명 3개월~1년
사육 난이도 ★★★

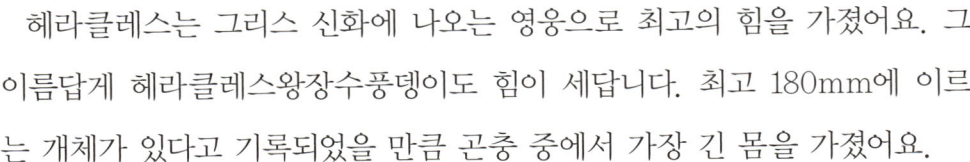

　헤라클레스는 그리스 신화에 나오는 영웅으로 최고의 힘을 가졌어요. 그 이름답게 헤라클레스왕장수풍뎅이도 힘이 세답니다. 최고 180mm에 이르는 개체가 있다고 기록되었을 만큼 곤충 중에서 가장 긴 몸을 가졌어요.

　각각 머리와 앞가슴등판에서 길게 뻗어 나간, 몸통의 길이보다 긴 뿔이 특징입니다. 보통 수컷의 앞날개는 밝은 황색이나 황갈색을 띠지만 드물게 옥색을 띠기도 합니다. 딱지날개에는 검은 점이 불규칙하게 찍혀 있어요. 암컷은 대부분의 장수풍뎅이 암컷과 모양이 같으며, 몸에 전체적으로 황색 털이 많이 나 있는 점이 특이합니다. 암컷의 딱지날개 테두리에는 수컷의 딱지날개와 같은 형질이 나타나기도 해요.

　헤라클레스왕장수풍뎅이는 현재 13종의 아종으로 분류되는데, 몇몇 섬에서만 살고 있는 고유종도 있습니다. 두 아종끼리 가까이 접해 있는 두 지역에서는 아종의 특징을 모두 가지고 있는 잡종도 발견됩니다. 각 아종은 머리와 가슴의 뿔 모양과 내치의 위치 및 개수 등으로 구별할 수 있습니다.

　자, 그럼 지금부터 아메리카 대륙을 대표하는 헤라클레스왕장수풍뎅이에 대해 자세히 알아보도록 해요.

헤라-헤라의 머리 부분

헤라-헤라 수컷

헤라-리키 수컷

멋진 뿔을 자랑하는 헤라-헤라 수컷

헤라클레스왕장수풍뎅이의 다양한 아종

헤라클레스
헤라클레스

학명 *Dynastes hercules hercules* (Linnaeus, 1758)
크기 수컷 46~178mm, 암컷 50~80mm

수컷(과들루프) 140mm
실제 크기의 0.7배

애호가들 사이에서 보통 '헤라-헤라'라고 부르는 종으로 헤라클레스왕장수풍뎅이의 아종 중 가장 큰 종이에요. 헤라클레스라는 이름이 두 번 나올 정도로 헤라클레스왕장수풍뎅이를 대표한다고 할 수 있지요. 앞가슴등판에서 직선으로 뻗어 나간 뿔이 헤라클레스왕장수풍뎅이 중 가장 굵어서 매력적입니다. 수컷의 앞날개는 황갈색 또는 푸른색이 도는 옥색을 띱니다. 카리브해 연안의 도미니카 연방과 프랑스령인 과들루프에서 주로 서식하고 있지만, 그곳에서도 보호종으로 지정될 만큼 개체 수가 계속 줄어들어 안타까움을 사고 있습니다.

헤라클레스의 내치

헤라클레스
리키

학명 *Dynastes hercules lichyi* Lachaume, 1985
크기 수컷 60~170mm, 암컷 50~80mm

분포 지역이 넓고 채집되는 개체 수가 많아 표본을 쉽게 구할 수 있습니다. 헤라-헤라와 거의 비슷한 형태이지만 앞가슴등판의 기부와 뿔이 가는 편이며, 앞날개의 반점이 헤라-헤라보다 많은 편입니다. 남미 대륙 북동부의 서식지에서는 보통 해발 1,000m에 분포하며, 사육하면 헤라-히라와 대등할 정도로 대형 개체를 키워 낼 수 있어요.

수컷(에콰도르) 148mm
실제 크기의 0.7배

옆에서 본 모습

헤라클레스 리키의 내치

헤라클레스
에콰토리아누스

학명 *Dynastes hercules ecuatorianus* Ohaus, 1913
크기 수컷 65~165mm, 암컷 50~80mm

헤라-리키보다 저지대인 아마존강 상류에서 많이 살고 있습니다. 이름에 나와 있는 에콰토리아누스는 산지인 '에콰도르'를 의미합니다. 앞날개 색은 보통 황갈색이나 오렌지색이며, 광택이 강하고 검은 반점이 거의 없거나 작아서 깔끔해 보입니다. 사육으로 130mm 이상의 대형 개체를 얻기는 어려워요.

옆에서 본 헤라-에콰

헤라클레스
셉텐트리오날리스

학명 *Dynastes hercules septentrionalis* Lachaume, 1985
크기 70~140mm, 암컷 50~80mm

앞가슴등판의 뿔이 얇고, 내치가 기부 쪽에 가까운 것이 특징입니다. 앞날개는 황갈색이며, 적당한 양의 반점이 골고루 분포해 있습니다. 셉텐트리오날리스는 '북쪽'을 뜻하는 말입니다. 다른 헤라클레스왕장수풍뎅이의 서식지보다 북쪽에 있는 중앙아메리카가 주 서식지이기 때문에 붙여진 이름이에요.

옆에서 본 헤라-셉텐

헤라클레스
옥시덴탈리스

학명 *Dynastes hercules occidentalis* Lachume, 1985
크기 수컷 70~145mm, 암컷 50~80mm

산지에서 채집되는 개체 수가 많아, 헤라-리키처럼 비교적 쉽게 표본을 구할 수 있는 종입니다. 헤라-셉텐과 형태가 거의 비슷하며, 파나마에서는 헤라-셉텐과의 중간형이 발견되었습니다. 130mm가 넘는 대형 개체로서 사육하기에는 쉽지 않은 종이에요.

옆에서 본 헤라-옥시

 **여기서 잠깐!**

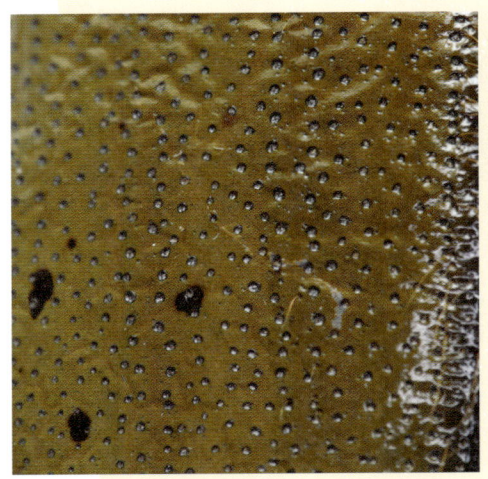

수컷의 딱지날개에 있는 작은 구멍들

Q 헤라클레스왕장수풍뎅이는 습한 곳에 있으면 앞날개 색이 까맣게 변했다가 건조한 곳에 두면 원래 색으로 돌아가는데 왜 그럴까?

A 헤라클레스왕장수풍뎅이는 앞날개 겉에 투명한 큐티클층이 있고, 그 밑에는 스펀지처럼 생긴 큐티클이 채워져 있습니다. 습한 곳에 있으면 겉에 있는 투명한 큐티클층의 미세한 구멍 사이로 습기가 들어가 까맣게 변해요. 다시 건조한 곳에 놓으면 습기가 사라지면서 원래 색으로 돌아가지만, 기름 성분이 들어가면 까맣게 된 상태에서 원래대로 되돌아가지 않습니다.

 **여기서 잠깐!**

Q 헤라클레스왕장수풍뎅이는 얼마나 먹이를 많이 먹을까?

A 대형 장수풍뎅이 수컷의 종령 애벌레는 무게가 대략 30g이지만, 헤라클레스왕장수풍뎅이 수컷의 종령 애벌레는 대략 100g이고, 초대형은 120g이 넘습니다. 즉, 무게에 비례하여 장수풍뎅이 애벌레의 3~4배를 먹는다는 결과가 나옵니다.
뿐만 아니라, 어른벌레도 60g 정도의 곤충 젤리를 1~2일 만에 먹어 치우는 대식가의 면모를 보입니다. 아직 국내에 애완용 외국 곤충 수입이 허가되지 않아 키우지 못하고 있으나, 만약 키울 수 있다면 이런 점에서 비용이 아주 부담스러울 거예요. 하지만 헤라클레스왕장수풍뎅이의 매력에 빠진다면 사육하는 데 드는 비용과 노력이 큰 장애가 되지 않을 것입니다.

재미있게 키우는 방법 (난이도 : ★★★)

장수풍뎅이의 경우, 해외 종이라고 해도 기본적인 사육 방법은 우리나라 장수풍뎅이와 크게 다르지 않습니다. 먹이도 같고 매트에 산란을 하기 때문에 까다롭지 않지만, 몸집이 워낙 크고 대식가인데다 애벌레가 어른벌레로 되는 데 오래 걸리기 때문에 인내심과 많은 관심이 필요합니다. 수명은 3개월에서 1년 정도여서 일반 장수풍뎅이보다 더욱 오래 사는 편입니다. 여기에서는 헤라클레스왕장수풍뎅이를 통해 대형 장수풍뎅이 사육 방법에 대해 자세히 알아보도록 해요.

사육 용품들

① 사육 케이스

대형 장수풍뎅이의 크기에 맞게 흔히 판매되는 곤충용 사육 케이스 대신 마트에서 쉽게 구할 수 있는 플라스틱 리빙 박스(최소 500X400X300mm 이상)를 사용합니다.

② 매트

어떤 매트를 사용하고 어떻게 조건을 만들어 주느냐에 따라 산란에 성공하느냐, 마느냐가 좌우되기 때문에 매트는 매우 중요합니다.

참나무 발효 톱밥 중 가장 발효가 많이 된 것을 구해 리빙 박스에 넣고 수분을 유지합니다. 3~6개월 정도 재차 발효시켜서 흙 상태가 되도록 만들어 사용해요. 기간은 오래 걸릴수록 좋으며, 상수리나무, 졸참나무 등의 발효 톱밥을 추가로 숙성시켜 쓰면 효과가 좋습니다.

③ 어른벌레의 먹이

워낙 먹는 양도 많고, 수컷의 경우 긴 뿔 때문에 크기가 작은 젤리를 주면 먹기 힘듭니다. 따라서 일반 곤충 전문점에서 구할 수 있는 가장 큰 젤리인 60g짜리 점보 젤리를 줍니다. 알을 많이 받기 위해서는 바나나가 최고의 영양식이지만, 금방 썩기 때문에 매트를 자주 갈아 주어야 하는 번거로움이 따릅니다.

어른벌레 사육하기

* 일단 헤라클레스왕장수풍뎅이 한 쌍을 구했다면, 충분히 성숙했는지 잘 확인해야 합니다. 성숙하지 않은 채로 짝짓기를 하면 암컷이 죽을 수도 있기 때문이에요.
* 밤이 되면 매트 위로 올라와 왕성하게 활동하며, 먹이를 먹어 치웁니다. 건드리면 강하게 위협하는 자세를 취하며, 암컷은 '쉭쉭' 하는 특유의 소리를 내면서 겁을 주려고 합니다.
* 헤라클레스왕장수풍뎅이는 수명이 짧기 때문에 짝짓기 하려는 욕구가 매우 강해서 성숙한 개체를 같이 넣어 두면 바로 짝짓기를 시작합니다. 여러 번 짝짓기 한 뒤에 암컷은 매트 속에 들어가서 알을 낳기 시작합니다.
* 산란 중인 암컷은 일주일씩 매트에 들어가 있다 나와서 또 이틀 정도 먹이만 먹다가 다시 매트 속으로 들어가는 행동을 반복합니다.

★ 주의할 점 약 22~26도가 가장 좋으며, 여름철에 30도 이상으로 올라가면 사육 케이스 안이 찜통이 되어 질식사하는 경우가 있으니 주의해야 합니다.

신혼방 꾸미기

첫째, 리빙 박스 밑바닥에 10cm 높이로 매트를 최대한 꽉꽉 눌러서 채워 줍니다.
둘째, 그 위에 약 8cm 높이로 매트를 적당히 눌러서 채워 줍니다.
셋째, 어른벌레가 뒤집혀지면 잡고 일어날 수 있도록 놀이 나무와 먹이 접시를 알맞게 배치합니다.

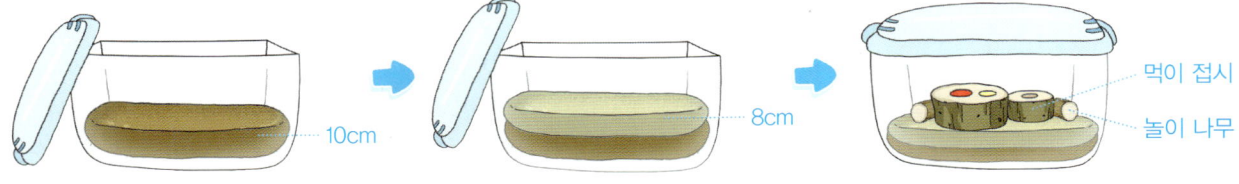

짝짓기 중인 헤라-옥시

애벌레 사육하기

첫째, 암컷이 산란하고 나면 매트를 조심스럽게 뒤집어서 알이나 애벌레가 있는지 살펴봅니다. 알이 발견될지라도 1령 애벌레가 되고 나서야 꺼내서 사육하기 시작합니다. 알 상태에서 꺼내면 부화하지 못하고 금방 죽을 수도 있기 때문입니다.

둘째, 이제부터는 기다림과 인내의 시간입니다. 암컷은 1년만 있으면 우화하지만 대형 수컷은 1년 반~2년 정도가 걸리며, 140mm가 넘는 초대형 수컷은 2년 반 정도의 시간이 걸리기 때문입니다.

셋째, 1~2령 애벌레는 산란을 한 사육 케이스에서 집단 사육하는 것이 가장 편하고 쉬운 방법이지만, 적당한 병에 따로 옮겨서 사육해도 됩니다. 1~2령 말기가 된 애벌레는 국내 장수풍뎅이 3령 정도의 크기이며, 3령 애벌레가 되면 무게가 100g 가까이 나가는 초대형 애벌레가 됩니다.

넷째, 3령 애벌레가 되고 나면 암수 구별을 하여 수컷은 따로 사육을 해야 합니다. 수컷은 번데기방을 20cm 이상의 크기로 만들기 때문에 여러 마리를 같이 사육하면 번데기방을 만드는 데 문제가 생기기 때문입니다.

어른 손바닥 크기의 헤라클레스왕장수풍뎅이 애벌레

헤라클레스왕장수풍뎅이 애벌레의 기문과 굵은 털들

거칠고 굵은 털이 많이 난 애벌레의 배

다섯째. 3령 애벌레가 된 수컷은 일반적으로 곤충 전문점에서 판매하는 특대 사이즈의 용기에 한 마리씩 넣어서 키우면 무난해요. 사육 케이스가 물러서 변형이 생기면 충격을 받을 때 번데기방이 무너질 수도 있으므로 최대한 딱딱한 것을 사용해야 합니다. 뿐만 아니라, 힘이 세고 크기도 큰 헤라클레스왕장수풍뎅이 애벌레답게 다른 애벌레보다 많이 먹으므로 먹이가 모자라지 않는지 확인하고 자주 매트를 교체해 주어야 합니다.

검은색 광택의 헤라클레스
넵튠왕장수풍뎅이

국명 넵튠왕장수풍뎅이
학명 *Dynastes neptunus* (Quensel, 1805)
분포 콜롬비아, 에콰도르, 페루 북서부, 베네수엘라
크기 수컷 55~155mm, 암컷 52~74mm
수명 3개월~1년
사육 난이도 ★★★★

넵튠왕장수풍뎅이는 세계에서 헤라클레스왕장수풍뎅이 다음으로 길이가 긴 장수풍뎅이입니다. 바다의 신을 뜻하는 '넵튠(neptunus)'이라는 말처럼 생김새가 매력적입니다. 겉모양으로는 헤라클레스왕장수풍뎅이와 거의 비슷하지만, 머리 부분과 앞가슴등판의 뿔에서 오직 넵튠왕장수풍뎅이만 가지고 있는 특징을 발견할 수 있습니다.

생태에 대해서는 좀처럼 알려져 있지 않고, 주로 늦은 밤에서 새벽 사이에 등화 채집법으로 많이 잡힌다고 합니다.

앞모습

수컷(베네수엘라) 140mm

 ## 생김새와 특징이 궁금해!

✱ 수컷

헤라클레스왕장수풍뎅이와 겉모양이 거의 비슷하지만, 다음과 같은 특징이 다릅니다. 몸 전체가 광택이 나는 검은색이고, 앞가슴등판 양쪽에 앞을 향해 작은 뿔이 솟아 있습니다. 뿐만 아니라, 머리의 큰뿔이 앞가슴등판에 난 뿔의 길이와 같거나 긴 것이 다른 점이에요.

✱ 암컷

헤라클레스왕장수풍뎅이 암컷과는 달리 앞가슴등판과 앞날개에 털이 없고, 몸 전체가 검정색이며, 약간 광택이 있어요.

 ## 어떻게 살아갈까?

안데스 산맥 서쪽에 있는 고산지의 습한 환경에서 살고 있으며, 산지에서는 4~7월 사이에 많이 볼 수 있습니다. 주로 등화법으로 채집되며, 고지대에서는 20도가 안 되는 저온에서도 활동을 하고 불빛을 향해 날아온다고 합니다.

옆모습

재미있게 키우는 방법 (난이도 : ★★★★)

✽ 어른벌레 사육하기

앞에서 자세히 설명한 헤라클레스왕장수풍뎅이 사육 방법과 거의 같습니다. 단, 헤라클레스왕장수풍뎅이보다 온도를 더욱 세심하게 유지해 줘야 합니다. 해발 2,000m가 넘는 높고 습한 산에서 살기 때문에 늘 온도에 주의해야 해요. 사육 케이스 안의 온도가 30도 이상이 될 때에는 죽을 수도 있으므로 반드시 30도 이하로 맞춰 줘야 합니다.

✽ 알 받아 보기

알을 받기 위해서는 늘 20~23도로 온도를 유지해 주어야 합니다. 알은 실온에서 약 30일이 되어야 부화합니다. 나머지 사육법은 헤라클레스왕장수풍뎅이와 같아요.

✽ 애벌레 사육하기

애벌레도 20도 내외로 늘 저온을 유지해야 합니다. 27도를 넘으면 애벌레가 죽을 수도 있으니 주의하세요. 알에서 어른벌레가 되는 데에는 실내에서 사육할 때 약 1~2년 걸립니다.

짝짓기 하는 넵튠왕장수풍뎅이들

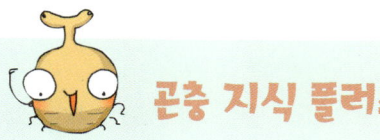

곤충 지식 플러스

Q 암수가 반반씩 나뉜 자웅 동체 장수풍뎅이는 어떻게 생겼을까?

A 곤충 중에서 자웅 동체가 태어날 확률은 수십만 분의 1 정도로 매우 적어요. 사진에서 보듯 자웅 동체의 경우, 특이하게도 몸의 비율이 50 대 50으로 정확하게 반으로 나누어져 암수의 형질을 반반씩 갖고 있습니다.

자웅 동체는 개체의 생존 확률도 떨어지고, 야생으로 채집하는 것은 아주 드문 일이므로 표본 수집가들 사이에서 매우 비싼 가격에 거래되기도 해요.

암컷　　　수컷

정확히 반으로 나눠진 배 부분의 생식기

수컷　암컷

반반의 형질을 띠고 있는 자웅 동체 장수풍뎅이

사육 과정 중에 발견된 자웅 동체 장수풍뎅이. 뿔은 암수의 성징이 교차하여 괴상한 모습

비교! 비교!

넵튠왕장수풍뎅이와 비슷한
사탄왕장수풍뎅이

학명 *Dynastes satanas* (Moser, 1909)

● **사탄(악마)의 속성을 지닌 장수풍뎅이?**

　왕장수풍뎅이속(Genus *Dynastes*) 중에서도 희귀한 종류일 뿐 아니라, 생김새도 '사탄(Satan)'처럼 보이며 카리스마가 강합니다. 요즘은 여러 채집지가 알려지면서 표본이나 사육하는 개체 수가 많아지고, 가까운 나라 일본에서도 사육되고 있어요. 하지만 1990년대 전에는 매우 희귀한 곤충 중의 하나였어요. 생김새와 매력이 특별하므로 장수풍뎅이 수집가라면 꼭 한 번쯤 표본을 구해 보고 싶은 종입니다.

수컷(볼리비아) 92mm

배면의 털이 긴 사탄왕장수풍뎅이

● **어떻게 생겼을까?**

　넵튠왕장수풍뎅이와 거의 비슷한 모습입니다. 하지만 앞가슴등판의 뿔이 많이 굽어 있고, 양쪽에는 넵튠왕장수풍뎅이와 달리 뿔이 없습니다. 딱지날개에는 작은 구멍이 많고 광택은 적은 편입니다. 온몸에는 부드러운 노란색 털이 많이 나 있으며, 특히 앞가슴등판의 뿔 밑에 난 풍성한 털이 매력적입니다.

● **어떻게 채집할까?**

볼리비아 동쪽에 있는 융가스 산맥의 1,700~2,800m 높이의 고산 지대에서 등화법으로 채집합니다. 하지만 그 밖의 생태 방법이나 자세한 채집법에 대해서는 아직 알려지지 않은 상태예요.

옆모습

앞모습

큰뿔이 확대된 모습

백색의 장수풍뎅이
그란티흰장수풍뎅이

국명 그란티흰장수풍뎅이
학명 *Dynastes grantii* Horn, 1870
분포 미국 애리조나주·유타주·뉴멕시코주
크기 수컷 40~81mm, 암컷 35~52mm
수명 2~6개월
사육 난이도 ★★

　미국 남북 전쟁의 영웅, 그랜트 장군의 이름이 붙여진 이 장수풍뎅이는 미국에 서식하는 장수풍뎅이 중 가장 큰 종입니다. 일반적인 장수풍뎅이의 색이라고는 생각할 수 없을 만큼 몸 전체가 백자 같은 흰색을 띠고 있는 것이 특징이에요. 때로는 검은 반점이 없고 완벽하게 하얀 개체가 나오기도 합니다. 하지만 헤라클레스왕장수풍뎅이처럼 습기가 있는 곳에서는 검게 변하는 특징이 있어요.

그란티흰장수풍뎅이 수컷

 ## 생김새와 특징이 궁금해!

* **수컷**

작은 헤라클레스왕장수풍뎅이라고 생각하면 쉽게 이해할 수 있습니다. 몸 전체는 밝은 회색을 띠고 광택이 있으며, 앞날개에는 불규칙적으로 검은 반점이 있어요. 넵튠왕장수풍뎅이처럼 앞가슴등판에는 양쪽에 한 쌍의 작은 뿔이 솟아 있습니다.

* **암컷**

수컷처럼 밝은 회색에 광택이 있으며, 앞날개에 검은 반점이 불규칙적으로 나 있어요.

수컷(미국) 65mm

암컷(미국) 45mm

옆에서 본 수컷

옆에서 본 암컷

어떻게 살아갈까?

미국에서는 애리조나주에서 주로 살고 있으며, 유타주와 뉴멕시코주에도 분포하고 있습니다. 애리조나주에서는 사막과 선인장이 많은 건조한 지역 주변의 활엽수림에만 국지적으로 분포하고 있습니다. 산지로 보면, 저지대에서 고지대에 걸쳐 약 1,000m 내외에서 서식하며, 저지대에는 개체 수가 많습니다. 물푸레나무과의 '벨벳 애쉬(Velvet Ash)'란 나무의 수액에 모여 살며, 저지대에서는 활엽수림 근처 불빛에 날아온 개체를 쉽게 채집할 수 있어요.

재미있게 키우는 방법 (난이도 : ★★)

✱ 어른벌레 사육하기

앞에서 알려 준 한국의 장수풍뎅이와 같은 사육법을 이용합니다.

✱ 알 받아 보기

알 상태로 지내는 기간이 약 3개월이므로 주의해야 합니다. 한국의 장수풍뎅이와 같은 방법으로 세팅하면 알을 쉽게 받을 수 있어요.

✱ 애벌레 사육하기

애벌레의 알맞은 사육 온도는 22~25도이고, 1년 정도 지나면 어른벌레로 우화합니다. 애벌레는 일반 장수풍뎅이용 발효 톱밥을 사용하면 충분히 사육할 수 있어요.

그란티흰장수풍뎅이의 수컷 번데기   그란티흰장수풍뎅이의 암컷 번데기

앞에서 본 그란티흰장수풍뎅이 수컷

옆에서 본 그란티흰장수풍뎅이 수컷

 **비교! 비교!**

그란티흰장수풍뎅이의 친구
티티우스흰장수풍뎅이

학명 *Dynastes tityus* (Linnaeus, 1763)

● **미국에서만 볼 수 있는 장수풍뎅이**

　미국에서 가장 흔히 볼 수 있는 장수풍뎅이로서, 미국에 분포하는 *Dynastes*속 중에서 가장 작은 종입니다. 미국에서도 주로 동부와 대서양 연안에 걸쳐 서식합니다.

　크기는 수컷이 34~60mm이고, 암컷은 37~48mm 정도입니다. 전체적으로 그란티흰장수풍뎅이와 비슷하지만 앞가슴등판의 뿔이 짧은 편이고,

티티우스흰장수풍뎅이 수컷

짝짓기 하려고 암컷에게 덤비는 수컷

노란 빛깔을 띠며 광택이 매우 강해요.

사육 방법과 생태 환경은 그란티흰장수풍뎅이와 거의 유사하지만, 우화한 어른벌레가 성숙하는 데까지는 약 3~4개월의 긴 시간이 걸립니다.

수컷(미국) 50mm　　　　　　　암컷(미국) 45mm

옆에서 본 수컷　　　　　　　옆에서 본 암컷

코끼리 코를 떠올리게 하는 코끼리왕장수풍뎅이속
(Genus *Megasoma*)

말 그대로 코끼리를 떠올리게 하는 장수풍뎅이입니다. 머리에서 앞으로 솟은 뿔은 마치 코끼리의 코를 닮았으며, 앞가슴등판 양쪽으로 솟은 뿔은 코끼리의 상아를 떠올리게 해요. 속명 '*Megasoma*'란 '큰(Mega)'이라는 뜻과 '몸(Soma)'이라는 뜻이 합쳐진 단어에서 보듯이, 몸집도 헤라클레스왕장수풍뎅이를 능가할 만큼 육중하여 동물로 치면 코끼리의 몸집에 견줄 만합니다. 북미에서 남미에 걸쳐 넓게 분포하며, 아주 작은 25mm 정도의 크기부터 135mm에 이르는 초대형종까지 다양합니다.

코끼리왕장수풍뎅이(멕시코) 115mm
실제 크기의 0.6배

악테온코끼리왕장수풍뎅이(페루) 120mm
실제 크기의 0.6배

마스코끼리왕장수풍뎅이(페루) 105mm
실제 크기의 0.6배

코끼리왕장수풍뎅이 아종의 종류와 분포

학명	분포 지역
코끼리왕장수풍뎅이 *Megasoma elephas elephas* (원명 아종)	멕시코, 파나마, 온두라스, 코스타리카
이이지마이코끼리왕장수풍뎅이 *Megasoma elephas iijimai*	콜롬비아 북부, 베네수엘라

그 외 코끼리왕장수풍뎅이의 종류와 분포

학명	분포 지역
악테온코끼리왕장수풍뎅이 *Megasoma actaeon*	페루, 볼리비아, 에콰도르, 파라과이 등
마스코끼리왕장수풍뎅이 *Megasoma mars*	페루, 콜롬비아, 브라질, 에콰도르
야누스코끼리왕장수풍뎅이 *Megasoma janus*	페루, 볼리비아, 파라과이, 파나마 등
기아스코끼리왕장수풍뎅이 *Megasoma gyas*	브라질, 아르헨티나 등
애리조나코끼리왕장수풍뎅이 *Megasoma punctulatus* (원명 아종)	미국
파체코이코끼리왕장수풍뎅이 *Megasoma pachecoi*	멕시코

〈그 외 남미산 장수풍뎅이들〉

피자로톱장수풍뎅이(멕시코) 60mm

수리남세뿔장수풍뎅이(베네수엘라) 40mm

융단 같은 황색 털을 자랑하는
코끼리왕장수풍뎅이

국명 코끼리왕장수풍뎅이
학명 *Megasoma elephas elephas* (Fabricius, 1775)
분포 멕시코, 니카라과, 과테말라, 온두라스, 코스타리카, 파나마, 벨리즈
크기 수컷 50~130mm, 암컷 60~75mm
수명 3~6개월
사육 난이도 ★★

코끼리왕장수풍뎅이는 *Megasoma*속을 대표하는 종으로서, 중앙 아메리카 지역에 주로 분포하고 있습니다. 이름처럼 덩치는 무척 크지만 크기에 비해 온순한 편이어서 다른 곤충들이 덤벼도 몸으로 슬쩍 미는 수준의 방어밖에 하지 않습니다.

코끼리왕장수풍뎅이는 온몸이 미세한 황갈색 털로 덮여 있는데 시간이 지날수록 점점 떨어져 나갑니다. 하지만 새로 우화한 개체에는 융단 같은 황색 털이 나 있기 때문에 많은 애호가들이 꼭 한번 만져 보고 싶을 정도로 매력 있고 아름답다고 합니다.

덩치는 크지만 매력 넘치는 코끼리왕장수풍뎅이의 특징을 알고 사육에 도전해 봅시다.

나무 위에 올라가 있는 코끼리왕장수풍뎅이 암컷

생김새와 특징이 궁금해!

＊ 수컷

덩치가 매우 크고 몸 전체가 황갈색 잔털로 덮여 있습니다. 이 미세한 털은 긁히거나 점점 떨어져서 벗겨지므로, 야생 수컷의 경우 검정색이 많이 드러나 있습니다. 머리의 뿔은 앞으로 길게 뻗어 있으며, 기부에서 위를 향해 굵고 작은 뿔이 솟아 있습니다. 앞가슴등판에도 양쪽으로 뭉뚝하고 두꺼운 뿔이 비스듬히 솟아 있습니다. 또한 앞다리가 매우 긴 것도 또 하나의 특징입니다.

＊ 암컷

앞날개 뒷부분의 3분의 2만 황갈색 털로 덮여 있으며, 나머지는 약간 광택이 있고 점열이 강한 검정색을 띱니다.

수컷(멕시코) 115mm

암컷(멕시코) 67mm

어떻게 살아갈까?

멕시코 산지에서는 해발 200m 내외의 저지대에서부터 1,000m 내외의 고지대에 걸쳐 있는 열대 우림에서 서식하고 있습니다. 근처 유원지의 가로등을 보고 날아오며, 과실을 이용한 유인 채집이나 등화 채집으로 채집할 수 있어요.

재미있게 키우는 방법 (난이도 : ★★)

* 어른벌레 사육하기

어른벌레는 수명이 아주 짧은 편이라 먹이를 먹고 성숙하게 되면 바로 짝짓기를 시켜 산란하는 것이 좋아요. 어른벌레의 사육 온도는 약 22~25도를 유지해 주면 됩니다. 어른벌레나 애벌레 모두 엄청난 대식가들이라 먹이 교체에 신경을 써줘야 합니다.

* 알 받아 보기

알을 받기 위해서는 약 20~25도로 온도를 유지해 줘야 해요.

* 애벌레 사육하기

*Megasoma*속 중에서는 애벌레 기간이 짧은 편으로서, 어른벌레가 되는 데 약 1년~1년 반이 걸립니다. 매트에 열화가 일어나거나 좋지 않은 환경에서도 잘 죽지 않을 정도로 애벌레의 생명력은 매우 강한 편이에요. 암수 둘다 우화 시기가 비슷하여 짝짓기를 하는 데 헤라클레스왕장수풍뎅이보다 까다롭거나 힘들지 않은 편입니다.

옆에서 본 암컷

옆에서 본 수컷

짝짓기를 하고 있는 코끼리왕장수풍뎅이

흑색의 무적 전차
악테온코끼리왕장수풍뎅이

국명 악테온코끼리왕장수풍뎅이
학명 *Megasoma actaeon* (Linnaeus, 1758)
분포 에콰도르, 페루, 볼리비아, 파라과이, 콜롬비아, 브라질, 베네수엘라, 가이아나, 파나마
크기 수컷 50~135mm, 암컷 50~82mm
수명 3~4개월
사육 난이도 ★★★

수컷의 머리 부분

수컷의 앞가슴등판 위로 돌출된 혹

그리스 신화의 영웅적인 사냥꾼의 이름을 가진 악테온코끼리왕장수풍뎅이는 슈퍼 헤비급의 덩치가 매력적인 종입니다. 그 이름처럼 실제로 세계에서 가장 무거운 장수풍뎅이라고 할 수 있습니다. 이에 대적할 만한 곤충으로는 아프리카의 골리앗왕꽃무지가 있는데, 세계에서 가장 무거운 곤충 챔피언 자리를 놓고 서로 승부를 겨룰 정도입니다.

남아메리카 대륙 전체에 가장 넓게 분포하지만, 아직 생태에 대해 많이 알려지지 않았습니다.

코끼리왕장수풍뎅이속에는 황색 털이 덮여 있는 종과 진한 흑색 광택이 나는 종, 이렇게 두 가지 종이 있습니다. 이 중 코끼리왕장수풍뎅이가 첫 번째 타입에 속한다면, 악테온코끼리왕장수풍뎅이는 두 번째 타입인 진한 흑색 계열에 속합니다.

생김새와 특징이 궁금해!

✽ 수컷과 암컷

코끼리왕장수풍뎅이와 비슷한 형태로 몸 전체는 검정색이고 광택이 나며, 중후한 멋을 풍깁니다. 머리의 뿔과 앞가슴등판의 뿔은 코끼리왕장수풍뎅이와 같은 위치에 있으나, 굵고 짧은 편입니다. 대형종일수록 앞가슴등판의 위 한가운데에 굵은 혹이 튀어나온 것이 특징이에요. 암컷은 일반적인 암컷의 모습이며, 표면은 거칠고 울퉁불퉁합니다.

수컷(페루) 120mm

암컷(페루) 75mm

 ## 어떻게 살아갈까?

남미의 열대 우림에 넓게 분포하고 있으나 생태에 대해서는 잘 알려져 있지 않습니다. 주로 등화법으로 채집되며, 낮에는 쓰러져 있는 큰 나무 밑에서 쉬고 있는 모습을 많이 볼 수 있어요.

 ## 재미있게 키우는 방법 (난이도 : ★★★)

우람한 덩치의 악테온코끼리왕장수풍뎅이 수컷

* 어른벌레 사육하기

다른 대형 장수풍뎅이 사육법과 같습니다. 어른벌레는 엄청난 대식가이므로 먹이를 충분히, 넉넉하게 줘야 합니다. 자세한 사육법은 헤라클레스왕장수풍뎅이와 같으므로 참고해 보세요.

* 알 받아 보기

헤라클레스왕장수풍뎅이가 산란하는 방법과 같아요.

* 애벌레 사육하기

대형 수컷인 경우에는 애벌레 기간이 3년 넘게 이어지기 때문에 인내심을 갖고 사육해야 합니다. 또한 어른벌레와 마찬가지로 엄청난 대식가이므로 자주 매트를 체크하여 갈아 줘야 해요.

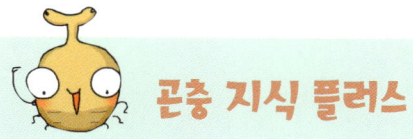
곤충 지식 플러스

Q 장수풍뎅이의 큰뿔과 사슴벌레의 큰턱은 어떻게 생겨난 것일까?

A 생태계의 모든 생물들은 자신의 종족을 유지하고 먹이를 차지하기 위해서 경쟁 상대를 물리칠 수단이 필요합니다. 장수풍뎅이와 사슴벌레도 살아남기 위해서 자신만의 무기가 있어야 했어요. 그러다 보니 작은 턱을 가진 개체보다는 큰턱이나 큰뿔을 가진 강한 개체들만 자손을 남길 수 있게 되었고, 그 유전 형질을 받은 자손은 더 강해질 수 있었어요. 그래서 지금은 대부분의 사람들이 장수풍뎅이와 사슴벌레를 떠올리면 '힘센 곤충', '멋지고 싸움 잘하는 곤충'으로 생각하게 된 것이에요.

결투 중인 넵튠왕장수풍뎅이와 코끼리왕장수풍뎅이

아시아를 대표하는
청동왕장수풍뎅이속
(Genus *Chalcosoma*)

아메리카 대륙에 헤라클레스왕장수풍뎅이가 있다면, 아시아 대륙에는 청동왕장수풍뎅이속의 삼총사가 있어요. 코카서스왕장수풍뎅이, 아틀라스왕장수풍뎅이, 모엘렌캄피왕장수풍뎅이가 바로 그 삼총사에 해당하지요. 헤라클레스왕장수풍뎅이나 코끼리왕장수풍뎅이보다는 약간 작지만, 싸우는 모습을 보면 쉽게 잊지 못합니다. 표본이나 살아 있는 생물 모두 남미보다 값이 싸서 쉽게 구할 수 있는 편이에요. 속명 중에서 'Chalco'는 '청동'을 뜻하며, 'soma'는 '몸'을 뜻하는데, 몸 전체가 청동색으로 빛나는 특징을 잘 나타내고 있는 이름입니다.

아틀라스왕장수풍뎅이 아종의 종류와 분포

학명	분포 지역
아틀라스왕장수풍뎅이 *Chalcosoma atlas atlas* (원명 아종)	인도네시아 술라웨시섬
펠렝아틀라스왕장수풍뎅이 *Chalcosoma atlas shintae*	인도네시아 펠렝섬
필리핀아틀라스왕장수풍뎅이 *Chalcosoma atlas hersperus*	필리핀
인도네시아아틀라스왕장수풍뎅이 *Chalcosoma atlas keyboh*	말레이시아, 싱가포르, 보르네오섬, 인도네시아 수마트라섬
시메우르아틀라스왕장수풍뎅이 *Chalcosoma atlas simeuluensis*	인도네시아 시메울루에섬
타이아틀라스왕장수풍뎅이 *Chalcosoma atlas mantetsu*	미얀마, 타이, 인도, 라오스

코카서스왕장수풍뎅이 아종의 종류와 분포

학명	분포 지역
코카서스왕장수풍뎅이 *Chalcosoma chiron chiron* (원명 아종)	인도네시아 자바섬
수마트라코카서스왕장수풍뎅이 *Chalcosoma chiron janssensi*	인도네시아 수마트라섬
타이코카서스왕장수풍뎅이 *Chalcosoma chiron belangeri*	인도, 타이, 미얀마, 캄보디아, 베트남
말레이시아코카서스왕장수풍뎅이 *Chalcosoma chiron kirbyi*	말레이시아

코카서스왕장수풍뎅이
(인도네시아 자바섬) 110mm
실제 크기의 0.5배

코카서스왕장수풍뎅이
(인도네시아 수마트라섬) 105mm
실제 크기의 0.5배

코카서스왕장수풍뎅이
(인도네시아 수마트라섬) 110mm
실제 크기의 0.5배

아틀라스왕장수풍뎅이
(인도네시아) 87mm
실제 크기의 0.5배

아틀라스왕장수풍뎅이
(필리핀) 90mm
실제 크기의 0.5배

모엘렌캄피왕장수풍뎅이
(보르네오섬) 95mm
실제 크기의 0.5배

아시아의 최강 전사
코카서스왕장수풍뎅이

국명 코카서스왕장수풍뎅이
학명 *Chalcosoma chiron* (Olivier, 1789)
분포 인도네시아 수마트라섬·자바섬, 미얀마, 말레이시아, 인도차이나반도
크기 수컷 45~135mm, 암컷 50~74mm
수명 2~8개월
사육 난이도 ★★★

　헤라클레스왕장수풍뎅이가 아메리카 대륙을 대표하는 장수풍뎅이라고 하면, 코카서스왕장수풍뎅이는 아시아를 대표하는 장수풍뎅이라고 할 수 있어요. 애호가들은 둘 중 누가 더 강한지에 대해서 늘 논란이 많습니다. 헤라클레스왕장수풍뎅이가 긴 뿔로 거리를 두고 공격할 때는 우세하지만, 일단 가까이 접근해서 싸울 때는 코카서스왕장수풍뎅이의 엄청난 공격력을 막기가 쉽지 않습니다.

　사육할 때도 코카서스왕장수풍뎅이는 늘 주의해야 할 정도로 성격이 난폭하고 위험합니다. 뿔 사이에 손가락이라도 끼게 되면 매우 아프므로 조심해야 합니다. 특히 코카서스왕장수풍뎅이가 머리를 앞으로 숙였을 때 드러나는 앞가슴등판과 딱지날개의 사이에 있는 '손톱깎이'라 불리는 곳이 가장 위험하지요.

짝짓기를 하고 있는 코카서스왕장수풍뎅이

★ 코카서스왕장수풍뎅이의 학명은 *Chalcosoma caucasus* (Linnaeus, 1775)에서 최근 *Chalcosoma chiron* (Olivier, 1789)으로 바뀌었습니다. 지역과 형태적 변이에 따라 4개 아종으로 나누고 있습니다.

나무 위에서 짝짓기를 하고 있는
코카서스왕장수풍뎅이 암수 한 쌍

 ## 생김새와 특징이 궁금해!

✶ 수컷

몸 전체에 청동 광택이 돌면서 검은색을 띠고 있습니다. 머리 위에 솟은 뿔이 위를 향해 있으며, 중간에 뭉뚝한 뿔이 돋아 있어요. 앞가슴등판에는 가운데에서 앞으로 뻗은 작은 뿔과 양쪽으로 활처럼 휘어서 길게 뻗어 있는 한 쌍의 큰 뿔이 특징입니다.

✶ 암컷

앞가슴등판에 점열이 많고 앞날개에는 황색 잔털이 많이 나 있어요. 수컷과 달리 앞가슴등판 양쪽에 길게 뻗어 있는 뿔이 없습니다.

수컷(인도네시아 자바) 110mm

암컷(인도네시아 자바) 55mm

 **여기서 잠깐!**

코카서스왕장수풍뎅이와 아틀라스왕장수풍뎅이를 쉽게 구별하는 방법

코카서스왕장수풍뎅이와 아틀라스왕장수풍뎅이의 구별법은 비교적 간단합니다. 수컷의 머리에서 솟은 긴 뿔의 중간에 돌기가 있는지 없는지 보면 쉽게 알 수 있으니까요.

코카서스왕장수풍뎅이 수컷

아틀라스왕장수풍뎅이 수컷

자바산과 수마트라산 코카서스왕장수풍뎅이 수컷을 구별하는 방법

수마트라산이 자바산보다 가슴뿔이 안쪽으로 몰려서 앞으로 뻗어 있어요.

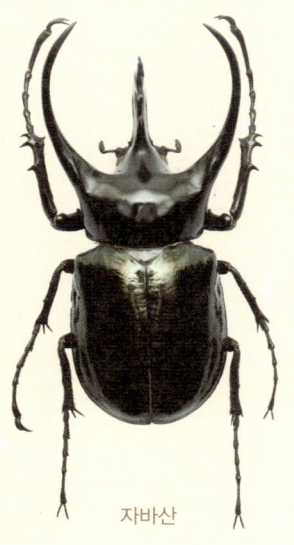
자바산

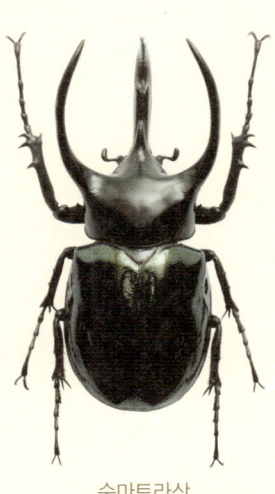
수마트라산

어떻게 살아갈까?

해발 1,000m가 넘는 산지에서 살고 있으며, '로탄'이라 불리는 야자나무과 식물이나 아카시아의 수액에 모여 삽니다. 수마트라 산 아종의 경우 최대 135mm로 산지 중 가장 큰 개체가 나오며, 이렇게 큰 개체가 몸집도 크고 장각(뿔이 길고 큰 형태)이 많아요. 주로 등화법으로 채집하는데, 애벌레는 썩은 나무의 밑부분을 굴을 파면서 먹습니다.

알에서 번데기가 되기까지 단계별 모습

1. 부화 직전의 코카서스왕장수풍뎅이 알. 애벌레가 비친다.

2. 먹이를 먹기 시작하는 1령 애벌레

3. 외부의 접촉에 머리를 돌려 물려고 하는 3령 애벌레

4. 드디어 번데기가 되었다.

재미있게 키우는 방법 (난이도 : ★★★)

✱ 어른벌레 사육하기

온도는 25도 내외로 유지하고 사육 케이스 안이 너무 덥지 않도록 합니다. 수컷의 성격이 난폭하므로 다룰 때 조심해야 해요.

코카서스왕장수풍뎅이 수컷(인도네시아 자바섬)

✱ 알 받아 보기

산란을 위해서는 25도 내외를 유지해 줘야 합니다. 핸드 페어링으로도 쉽게 짝짓기를 시킬 수 있지만, 수컷의 성격이 난폭하기 때문에 짝짓기 전후에 암컷을 공격해 죽이는 일이 자주 일어나므로 주의해야 해요. 알을 많이 받기 위해서는 대형 사육 케이스 바닥에 잘 발효된 매트를 딱딱하게 다져서 깔아 주는 것이 좋습니다.

✱ 애벌레 사육하기

알맞은 온도는 22~25도 내외이며, 저온에서 사육합니다. 애벌레 또한 장수풍뎅이 애벌레 중 가장 사나운 편이므로, 애벌레를 손으로 단지면 뱀처럼 머리를 돌려 손을 물어 버리기 때문에 주의해야 해요.

어른벌레가 되는 데는 약 1년~1년 반이 걸리며, 암수의 우화 시기에 차이가 있는 편입니다. 장각의 수컷 개체로 자라는 것은 쉽지 않으나, 한가지 방법이 있습니다. 애벌레의 몸이 노랗게 된 3령 애벌레 말기에 흑토를 바닥에 10cm 정도 딱딱하게 다져서 깔아 주면 장각의 개체로 우화할 가능성이 높아집니다.

하늘을 떠받친 기둥
아틀라스왕장수풍뎅이

국명 아틀라스왕장수풍뎅이
학명 *Chalcosoma atlas* (Linnaeus, 1758)
분포 인도 북동부~인도차이나반도, 말레이시아, 동남아시아 섬 지역
크기 수컷 45~110mm, 암컷 45~63mm
수명 2~6개월
사육 난이도 ★★

그리스 신화의 거인 '아틀라스'에서 이름을 따온 종입니다. 가슴에서 양쪽으로 둥그렇게 굽은 뿔이 마치 벌을 받아 하늘을 떠받치고 있는 신화 속 아틀라스의 모습을 떠올리게 하지요. 크기는 코카서스왕장수풍뎅이보다 작지만 생김새는 거의 비슷합니다. 머리에서 솟은 뿔이 안쪽으로 중간 돌기가 없어 매끈한데 그 모습이 상당히 매력적입니다.

중간 돌기가 없이 솟은 뿔

생김새와 특징이 궁금해!

* 수컷

코카서스왕장수풍뎅이와 생김새는 거의 비슷하나, 머리에서 솟아난 뿔 중간에 돌기가 없고 코카서스왕장수풍뎅이보다 몸집도 작아요. 산지에 따라 형태와 크기에 차이가 나며, 여러 아종으로 나뉩니다.

* 암컷

암컷도 코카서스왕장수풍뎅이와 생김새가 매우 유사하나, 앞날개 가운데 부분에 난 털들이 굵고 짧아 아래에서 위로 만져 보면 구별할 수 있어요.

수컷(인도네시아 술라웨시섬) 87mm
실제 크기의 0.7배

수컷(인도네시아 수마트라섬) 90mm
실제 크기의 0.8배

수컷(필리핀 네그로스섬) 90mm
실제 크기의 0.7배

어떻게 살아갈까?

서식지가 넓고 지역마다 변이가 심해 여러 아종으로 나뉘어요. 대형종으로는 필리핀 민다나오섬의 개체가 있으며, 최대 110mm의 수컷이 최고 크기로 기록되어 있습니다.

산지에서는 열대 우림 또는 그 주위의 야자밭, 사탕수수밭 등에서 살고 있어요. 호텔 주변의 불빛에서도 채집할 수 있을 정도로 개체 수가 많은 편이며, 등화법으로 채집합니다.

재미있게 키우는 방법 (난이도 : ★★)

* 어른벌레 사육하기

앞에서 나온 헤라클레스왕장수풍뎅이 사육법과 같아요. 더운 온도에도 강한 편이라 온도에 크게 신경을 쓰지 않아도 됩니다.

* 알 받아 보기

일반 장수풍뎅이 사육법과 똑같이 세팅하면 쉽게 산란할 수 있어요.

* 애벌레 사육하기

애벌레의 성장이 빨라서 약 8~10개월이면 어른벌레가 되므로 매트를 충분히 공급해 줘야 합니다. 코카서스왕장수풍뎅이와 달리, 질 좋은 발효 톱밥을 사용하면 쉽게 장각의 개체로 키워 낼 수 있어요.

아틀라스왕장수풍뎅이(인도네시아 술라웨시섬)

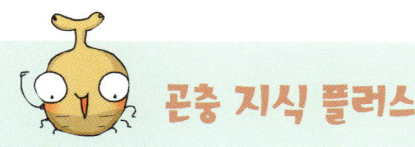

곤충 지식 플러스

Q 장수풍뎅이 수컷은 왜 짝짓기를 좋아할까?

A 장수풍뎅이 수컷은 사슴벌레보다 짝짓기 하려는 성향이 매우 강합니다. 곤충 중 수명이 짧은 종들의 수컷은 모두 이런 성향을 가지고 있어요. 수명이 짧은 만큼 번식을 하려는 본능도 강해지나 봅니다.

장수풍뎅이를 키우다 보면 수컷이 손가락을 암컷인 줄 알고 짝짓기를 하려고 덤벼들 때도 있어요. 암컷을 먼저 만지고 손에 남아 있는 냄새를 맡거나 손가락 모양이 암컷의 둥근 형태와 비슷할 경우에 그런 일이 일어납니다. 큰 사육장에 장수풍뎅이 수컷과 암컷을 여러 마리 넣고 키우다 보면 수컷에도 암컷의 냄새(페로몬)가 배어 수컷끼리 짝짓기를 하려고 하는 우스꽝스러운 장면을 볼 수 있어요.

짝짓기 하는 코카서스왕장수풍뎅이 수컷

보르네오 섬의 특산종
모엘렌캄피왕장수풍뎅이

국명 모엘렌캄피왕장수풍뎅이
학명 *Chalcosoma moellenkampi* (Kolbe, 1900)
분포 보르네오섬, 말레이시아 라우트섬
크기 수컷 45~110mm, 암컷 45~63mm
수명 2~6개월
사육 난이도 ★★★

　같은 청동왕장수풍뎅이속에서 가장 형태적으로 구별하기 쉬운 종입니다. 몸의 전체적인 폭이 좁고 앞가슴등판에 광택이 적으며, 앞가슴등판에서 솟은 뿔이 가운데에서 모여 거의 직선 형태로 앞을 향해 뻗어 있는 게 특징이에요.

일본 곤충 전문점에 있는 모엘렌캄피왕장수풍뎅이

수컷(보르네오) 95mm

앞모습

옆모습

생김새와 특징이 궁금해!

* 수컷

몸의 전체적인 폭이 코카서스왕장수풍뎅이나 아틀라스왕장수풍뎅이보다 좁습니다. 앞가슴등판은 광택이 약하고 앞가슴등판에서 솟은 한 쌍의 긴뿔이 앞을 향해 직선으로 뻗어 있어 구별하기도 쉬워요.

* 암컷

앞가슴등판의 앞부분이 홀쭉한 세모 형태여서 다른 코카서스왕장수풍뎅이와 아틀라스왕장수풍뎅이 암컷과 구별할 수 있어요. 앞날개는 연갈색에 가까우며 조밀하게 잔털이 나 있습니다.

어떻게 살아갈까?

보르네오섬의 말레이시아령에서 가장 많은 개체가 살고 있습니다. 해발 1,000m 내외의 산지에서 등화법으로 많이 채집하지만, 정확한 생태에 관해서는 알려져 있지 않아요. 애벌레는 주로 썩은 나무 속에서 터널을 파며 사슴벌레처럼 썩은 나무를 먹고 자랍니다.

재미있게 키우는 방법 (난이도 : ★★★)

* 어른벌레 사육하기

헤라클레스왕장수풍뎅이 사육법과 같습니다.

* 알 받아 보기

코카서스왕장수풍뎅이 사육법과 같아요.

* 애벌레 사육하기

코카서스왕장수풍뎅이와 같은 방법으로 사육해야 대형 장각 개체를 키워 낼 수 있습니다.

아틀라스왕장수풍뎅이처럼 머리뿔 가운데에 돌기가 없는 모습

위에서 본 모엘렌캄피왕장수풍뎅이
수컷의 날개 편 모습

앞에서 본 모엘렌캄피왕장수풍뎅이
수컷의 날개 편 모습

그 외의 여러 장수풍뎅이들

오각뿔장수풍뎅이속(Genus *Eupatorus*)은 아시아에서 코카서스왕장수풍뎅이 다음으로 유명하고 흔한 종입니다. 인도에서부터 중국 남부에 걸쳐 분포하고 있어요. 머리에 긴 뿔 하나가 솟아 있고, 앞가슴등판에는 4개의 뿔이 솟아 있어서 모두 다섯 개의 뿔을 가지고 있습니다.

한편, 기데온장수풍뎅이종은 인도에서부터 오스트레일리아에 이르기까지 아시아 대부분의 지역에 넓게 분포하고 있습니다. 우리나라 장수풍뎅이와 생김새 및 사육법이 비슷해서 친근감을 느낄 수 있어요.

오각뿔장수풍뎅이속의 종류와 분포

학명	분포 지역
오각뿔장수풍뎅이 *Eupatorus gracilicornis* (원명 아종)	태국, 중국
비르마니쿠스오각뿔장수풍뎅이 *Eupatorus birmanicus*	미얀마, 태국
하드위케이오각뿔장수풍뎅이 *Eupatorus hardwickei*	인도, 미얀마
시아멘시스오각뿔장수풍뎅이 *Eupatorus siamensis*	태국, 라오스
미얀마오각뿔장수풍뎅이 *Eupatorus sukkiti*	미얀마
파푸아오각뿔장수풍뎅이 *Eupatorus koletta*	파푸아 뉴기니
베트남오각뿔장수풍뎅이 *Eupatorus endoi*	베트남

오각뿔장수풍뎅이 　　　시아멘시스오각뿔장수풍뎅이 　　비르마니쿠스오각뿔장수풍뎅이
(태국) 75mm 　　　　　　　　(라오스) 60mm 　　　　　　　　(태국) 55mm

기데온장수풍뎅이 아종의 종류와 분포

학명	분포 지역
기데온장수풍뎅이 *X. gideon gideon* (원명 아종)	보르네오섬
베트남기데온장수풍뎅이 *X. gideon tonkinensis*	베트남 남부
오스트레일리아기데온장수풍뎅이 *X. giedon australicus*	오스트레일리아
크리니아스기데온장수풍뎅이 *X. gideon clinias*	인도네시아
바우메이스터리기데온장수풍뎅이 *X. gideon baumeisteri*	인도네시아 술라웨시섬
말레이시아기데온장수풍뎅이 *X. gideon beceri*	말레이시아
파푸아기데온장수풍뎅이 *X. gideon lamachus*	파푸아 뉴기니
카스자비기데온장수풍뎅이 *X. gideon kaszabi*	동남아시아 북부
율리시스기데온장수풍뎅이 *X. gideon ulysses*	파푸아 뉴기니 비스마르크 제도
태국기데온장수풍뎅이 *X. gideon siamensis*	태국
솔로몬기데온장수풍뎅이 *X. gideon szekessyi*	솔로몬 제도

다섯 개의 뿔
오각뿔장수풍뎅이

국명 오각뿔장수풍뎅이
학명 *Eupatorus gracilicornis* Arrow, 1908
분포 태국, 라오스, 인도 북부, 중국 남부, 미얀마, 베트남 북부
크기 수컷 45~80mm, 암컷 40~55mm
수명 2~3개월
사육 난이도 ★★★★

코카서스왕장수풍뎅이와 함께 아시아의 대표적인 장수풍뎅이입니다. 태국의 치앙마이 주변에서 주로 서식하는데, 그곳에 가면 오각뿔장수풍뎅이를 액자로 만들어서 관광 상품으로 많이 판매하고 있기도 합니다.

태국의 치앙마이가 가장 개체 수가 많은 다산지이며, 9월을 전후로 많이 나타납니다. 어른벌레는 대나무의 새순을 먹으며 대나무 숲에 모여들고, 등화법으로 채집할 수 있습니다. 애벌레는 활엽수림 안의 부엽토에서 채집할 수 있어요. 이름에서 알 수 있듯이 머리 부분에 한 개의 긴 뿔과 앞가슴등판에 양쪽 대칭으로 솟아 있는 4개의 뿔이 있어 총 5개의 뿔을 가지고 있습니다.

수컷(태국) 10mm

앞에서 본 수컷

생김새와 특징이 궁금해!

* 수컷

머리에 솟은 하나의 긴 뿔과 앞가슴등판에 양쪽으로 난 두 쌍의 뿔을 합쳐 모두 5개의 뿔이 나 있어요. 앞가슴등판은 마치 에나멜을 칠한 듯 반짝이는 검정색 광택을 띱니다. 앞날개는 살아 있을 땐 살색에 가까운 연한 노란색이지만, 죽게 되면 밝은 갈색을 띱니다.

* 암컷

수컷과 마찬가지로 앞가슴등판과 머리는 검정색이지만, 광택은 약하고 점열이 강합니다. 수컷과 마찬가지로, 죽게 되면 앞날개가 밝은 갈색으로 변합니다.

암컷(태국) 50mm

앞에서 본 암컷

재미있게 키우는 방법 (난이도 : ★★★★)

* 어른벌레 사육하기

헤라클레스왕장수풍뎅이 사육법과 같아요.

* 알 받아 보기

일반 발효 톱밥으로 산란하기는 어렵습니다. 대나무 숲의 부엽토를 잘 발효된 발효 톱밥에 30% 정도 넣어서 섞어 주면 알을 받을 수 있어요.

* 애벌레 사육하기

산란을 한 뒤, 애벌레는 잘 자라는 편입니다. 애벌레 기간은 약 1~2년으로, 약간 긴 편입니다.

생명력은 내가 챔피언
기데온장수풍뎅이

국명 기데온장수풍뎅이
학명 *Xylotrupes gideon* (Linnaeus, 1767)
분포 인도 북동부, 중국 남부, 말레이시아, 동남아시아 일대, 파푸아뉴기니, 오스트레일리아, 솔로몬 제도
크기 수컷 30~80mm, 암컷 30~50mm
수명 3~4개월
사육 난이도 ★

생명력과 적응력이 강한 장수풍뎅이로서 동북아시아를 빼고 아시아 전 지역에 분포하며, 오스트레일리아 북부에서도 서식하고 있어요. 크기는 우리나라 장수풍뎅이와 거의 비슷하지만, 앞가슴등판에서 솟은 뿔의 기부가 매우 굵은 것이 다른 점입니다. 아주 크지는 않지만 싸우기를 좋아하는 편이며, 태국의 치앙마이에서는 통나무를 파내 그 속에 암컷을 넣고 그 위에서 암컷의 냄새를 맡고 흥분한 수컷끼리 싸움을 시키는 내기 풍속이 있을 정도입니다.

수컷(말레이시아) 60mm

앞에서 본 수컷

생김새와 특징이 궁금해!

* 수컷
온몸에 에나멜을 칠한 듯 검정 광택이 강해요. 머리에 솟은 큰 뿔과 앞가슴등판에 솟은 뿔이 아래위로 마주 보고 있습니다.

* 암컷
수컷과 같이 에나멜을 칠한 듯 검정 광택이 강하고 점열이 없어요.

어떻게 살아갈까?

인도에서 동남아시아, 오스트레일리아에 이르기까지 아시아에 넓게 분포하고 있어요. 사탕수수의 줄기에 상처를 내 그 즙액을 먹기 때문에 사탕수수 농사를 망치는 해충으로 분류되어 일본에서는 애완용으로 수입을 금지하고 있습니다.

재미있게 키우는 방법 (난이도 : ★)

* 어른벌레 사육하기
일반적인 사육법은 앞에서 설명한 우리나라 장수풍뎅이 사육법과 같아요.

* 알 받아 보기
산란하기도 쉽고 우리나라 장수풍뎅이와 산란 방법도 같아요. 온도는 약 22~25도를 유지해 줘야 알을 받을 수 있습니다.

* 애벌레 사육하기
어른벌레의 크기와 애벌레에서 어른벌레로 우화하는 시기가 우리나라 장수풍뎅이와 비슷해요. 장수풍뎅이용 발효 톱밥으로 쉽게 키울 수 있으며, 우리나라 장수풍뎅이보다 온도에 약한 편입니다.

우리나라 장수풍뎅이보다 털이 많은 기데온장수풍뎅이 애벌레

아프리카의 대표 선수
켄타우르스장수풍뎅이

국명 켄타우르스장수풍뎅이
학명 *Augosoma centaurus* (Fabricius, 1775)
분포 아프리카 서부 적도
크기 수컷 45~80mm, 암컷 40~55mm
수명 2~3개월
사육 난이도 ★★★

　아프리카의 장수풍뎅이는 아시아나 아메리카 대륙처럼 종수도 많지 않고 대형종도 적은 편입니다. 아프리카의 장수풍뎅이 중 가장 큰 종인 켄타우르스장수풍뎅이는 그리스 신화에 나오는 '반인반마(半人半馬)'의 거인에서 그 이름을 따왔어요.

　모양은 아시아의 기데온장수풍뎅이와 매우 비슷하지만 다리가 짧은 편이며, 남미의 넵튠왕장수풍뎅이처럼 앞가슴등판의 양쪽에 뾰족한 뿔이 나 있는 게 특징입니다. 또한 몸 전체에 에나멜을 칠한 듯한 광택은 다른 장수풍뎅이들 중에서 가장 뛰어납니다. 아프리카에서는 켄타우르스장수풍뎅이의 애벌레가 식용으로 판매되기도 합니다.

옆에서 본 켄타우르스장수풍뎅이

생김새와 특징이 궁금해!

* 수컷

몸 전체는 적갈색을 띠며, 에나멜을 칠한 듯 광택이 강합니다. 머리와 앞가슴등판에서 아래위로 솟은 뿔과 앞가슴등판의 양쪽에 난 한 쌍의 작은 뿔은 넵튠왕장수풍뎅이의 형태와 비슷해요. 하지만 넵튠왕장수풍뎅이와는 달리, 뿔이 모두 위쪽을 향해 있습니다.

* 암컷

에나멜을 칠한 듯 광택이 강하며 생김새는 우리나라 장수풍뎅이 암컷과 비슷해요.

수컷(아이보리코스트)
60mm

짝짓기 하고 있는 켄타우르스장수풍뎅이 암수 한 쌍

어떻게 살아갈까?

아프리카의 대표 선수답게 켄타우르스장수풍뎅이는 아프리카 서부의 적도 지역에 있는 열대 우림에 분포하고 있습니다. 우기에 가장 많이 볼 수 있으며, 열대 우림 주변의 수은등 주변에서 등화법으로 많이 채집할 수 있습니다.

재미있게 키우는 방법 (난이도 : ★★★)

* 어른벌레 사육하기

일반적인 사육법은 앞에서 자세히 설명한 장수풍뎅이 사육법을 참조하면 됩니다. 더위에는 약한 편이라 25도 내외로 유지해 주는 것이 좋아요.

앞에서 본 켄타우르스장수풍뎅이

* 알 받아 보기

산란하기가 쉽지 않습니다. 알을 받으면 20~30개 내외로 받을 수 있으며, 수정이 안 된 무정란을 낳는 경우가 많아요.

* 애벌레 사육하기

애벌레는 판매되는 장수풍뎅이용 발효 톱밥으로 키울 수 있습니다. 80mm가 넘는 대형 개체로 키우기 위해서는 저온에서 1년 넘게 사육해야 해요.

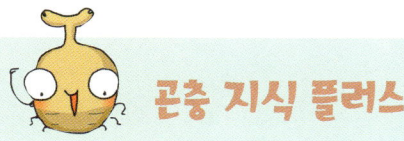

곤충 지식 플러스

Q 아프리카 마다가스카르섬에 특별한 장수풍뎅이가 있다고 하던데, 어떤 것일까?

A 아프리카 대륙에 서식하는 장수풍뎅이는 아메리카나 아시아보다 분포하는 종수가 적고, 헤라클레스왕장수풍뎅이나 코카서스왕장수풍뎅이 같은 대표적인 대형종 장수풍뎅이는 살고 있지 않아요. 단, 아프리카의 마다가스카르섬에는 생김새가 매우 특이한 종이 살고 있어서 흥미롭습니다.

마다가스카르섬에만 서식하고 있는 *Hexodon*속의 장수풍뎅이들은 아주 특이한 형태를 띠고 있습니다. 장수풍뎅이의 특징인 뿔이 없고, 몸은 전체적으로 둥글며 앞날개에 줄무늬가 있어요. 앞날개가 퇴화되어 서로 붙어서 날 수도 없고요. 또한 잡식성으로 동물의 시체나 부식물을 먹습니다.

흰줄헥소돈장수풍뎅이 수컷
20mm
실제 크기의 2배

흰줄헥소돈장수풍뎅이 암컷
22mm
실제 크기의 2배

헥소돈장수풍뎅이 수컷
21mm
실제 크기의 2배

헥소돈장수풍뎅이 암컷
24mm
실제 크기의 2배

부록

우리가 몰랐던 곤충의 세계 Q&A

이 글을 쓴 장영철 선생님은 25년 동안 곤충 사이트 충우(http://www.stagbeetles.com)를 운영해 왔어요. 이 사이트에서 가장 많이 올라온 질문들만 골라서 여러분에게 알려 주려고 합니다. 혹시 사슴벌레, 장수풍뎅이에 대한 호기심과 궁금증을 다 못 풀었다면 이곳에서 한 번에 해결하세요!

곤충을 키울 때 가장 궁금한 점 Best 21

 ### 애벌레에 대하여

1. Q 애벌레 앞에 붙는 1령, 2령, 3령은 무엇을 뜻하나요?

A 곤충이 한 번씩 허물을 벗고 탈피하는 단계를 '령'이라고 부릅니다. 1령이 자라서 탈피하면 2령이 되고, 2령이 자라서 탈피하면 3령이 됩니다. 애벌레는 한 번 탈피할 때마다 머리가 두 배 이상으로 커지며, 몸도 몇 배 이상 늘어납니다.

2. Q 애벌레는 언제 어른벌레(성충)가 되나요?

A 어른벌레가 되기 전에 몸의 색이 노랗게 변하면 곧 번데기가 될 징조입니다. 또, 매트 안에 방을 만들고 그 안에서 몸이 쭈글쭈글해지면 전용 상태가 된 것이고, 1~2주 안에 번데기가 됩니다. 하지만 애벌레마다 키우는 상태나 시기가 각각 다르기 때문에 늘 정확하게 맞지는 않습니다.

3. Q 산에서 애벌레를 채집했는데, 사슴벌레나 장수풍뎅이 애벌레가 아닌지 궁금합니다. 애벌레를 어떻게 구별해야 하나요?

A 초보자들뿐 아니라, 전문가들도 애벌레를 쉽게 구별하기가 어렵습니다. 다음 사진으로 거저리 애벌레나 하늘소 애벌레와 비교해 보세요.

산란나무에서 종종 발견되는 거저리 애벌레   애벌레 채집 중 흔히 발견되는 하늘소 애벌레

4. Q 애벌레가 먹이를 먹지 않고 자꾸 위로 올라와요. 왜 그럴까요?

A 그렇게 행동하는 데에는 몇 가지 이유가 있어요.

첫째, 여기저기 돌아다니다 위로 올라올 수 있습니다. 이럴 때에는 다시 매트로 들어가므로 신경을 안 써도 됩니다.

둘째, 매트에 배설물이 가득 차서 먹을 것이 없거나, 더위 때문에 숨을 쉴 수 없으면 위로 올라오는 횟수가 점점 늘어납니다. 그럴 때엔 환경을 바꿔 줘야 합니다.

셋째, 위에 올라와서 움직이지 않고 몸이 투명해지거나 검정색이 되면 애벌레가 병에 걸린 것입니다. 매트를 바꿔 주면 잠시 효과가 있지만, 대부분 금방 죽습니다. 애벌레 몸이 완전히 검정색이 되면 이미 죽은 상태이므로 잘 살펴보세요.

넷째, 몸이 쭈글쭈글해져서 위로 올라올 때에는 매트의 상태가 좋지 않아 매트 안에서 번데기방을 만들지 못하는 경우입니다. 따라서 인공 번데기방으로 옮겨 주는 것이 좋아요.

5. Q 애벌레 몸에 검은 반점이 생기면 죽나요?

A 검은 반점은 '흑점병'이라고 합니다. 다른 애벌레에게 물리거나 상처가 생기면 이런 검은 딱지가 생기는데, 상처에 세균이 들어

검은 반점이 생긴 장수풍뎅이 3령 애벌레

가면 반점이 점점 더 커지고, 반점이 점점 더 많아지면 죽을 수도 있어요. 하지만 심각하지 않다면 정상적으로 우화하기도 합니다.

6. Q 애벌레의 암수 구별은 어떻게 하나요?

A 애벌레 때 90% 이상 암수를 구별할 수 있습니다. 장수풍뎅이는 3령 애벌레 중기 이상일 때, 사슴벌레는 2령 애벌레 정도일 때 완벽하게 암수를 구별할 수 있어요.

사슴벌레와 장수풍뎅이 애벌레를 쉽게 구별하는 방법

사슴벌레는 머리 부분이 주황색이다.

장수풍뎅이는 머리 전체가 까맣다.

사슴벌레의 항문은 세로로 갈라져 있다.

장수풍뎅이는 가로로 갈라져 있다.

사슴벌레 애벌레 암수 구별하는 방법

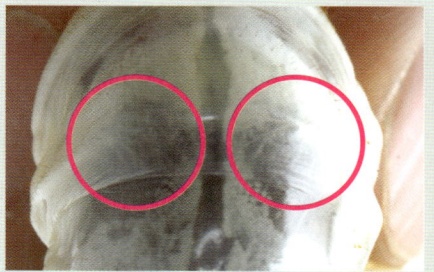
수컷은 난소가 보이지 않는다.

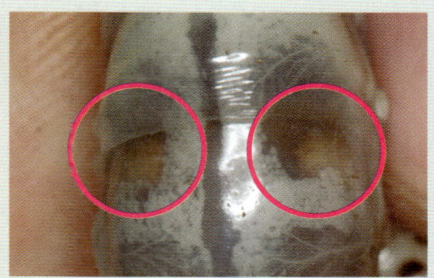
암컷은 양쪽에 노란색의 난소가 보인다.

장수풍뎅이 애벌레 암수 구별하는 방법

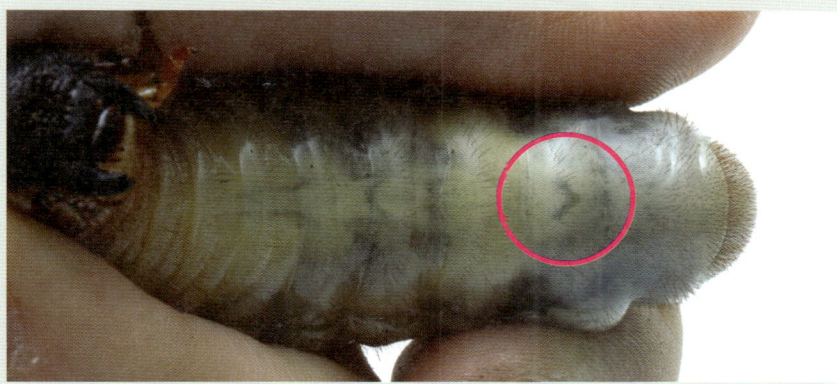
수컷은 V자(정소)가 뚜렷하게 보이지만, 암컷은 보이지 않는다.

 번데기에 대하여

7. Q 번데기방이 부서졌는데, 어떻게 해야 하나요?

A 애벌레가 번데기방을 만든 줄도 모르고 매트를 엎었을 때에는 인공 번데기방을 만들어 주는 것이 좋습니다. 그뿐 아니라, 번데기가 우화하는 모습을 자세히 관찰할 때에도 인공 번데기방을 이용합니다. 스펀지로 된 인공 번데기방을 구입해서 쓰는 것도 방법이지만, 인공 번데기방을 만드는 방법을 먼저 알아 두세요.

① 간단하게 만드는 1회용 인공 번데기방
- 사육 케이스에 매트(톱밥)를 넣고 수분을 적당히 준 뒤, 단단하게 다집니다. 그리고 달걀을 반을 가른 듯한 모양으로 방을 만들어서 그 위에 번데기를 올립니다.
- 또 다른 방법으로는 종이컵에 티슈를 깔고 물을 부어 축축하게 만든 뒤, 번데기를 올려놓습니다. 번데기방에 있었던 것처럼 사슴벌레를 눕히고, 장수풍뎅이는 세워 놓습니다.

② 오아시스로 만들어 보는 인공 번데기방
- 꽃 가게에서 쉽게 구입할 수 있는 꽃꽂이용 오아시스로 인공 번데기방을 만듭니다. 가격도 저렴하고 만들기도 쉬워요. 그리고 수분을 빨아들여 오랫동안 유지할 수 있기 때문에 효율적입니다.

8. Q 번데기를 만졌는데 번데기 몸에 상처가 생겨서 채액이 나왔어요. 어떻게 되나요?

A 번데기에서 체액이 나오면 번데기가 살 가능성은 거의 없습니다. 그러므로 번데기를 만질 때는 아주 조심해야 합니다. 약한 충격이나 날카로운 것에도 쉽게 상처를 입기 때문에 더욱 그렇습니다.

번데기 턱에 상처가 난 모습

점점 몸이 검게 변하며 죽어가는 모습

 **어른벌레에 대하여**

9. Q 왕사슴벌레 몸에 진드기가 생겼어요. 어떻게 해야 하나요?

A 매트가 너무 축축하거나 다 먹은 젤리를 빨리 치워 주지 않으면 진드기가 몸에 많이 달라붙습니다. 건강에는 크게 지장이 없지만 위생상 없애 주는 것이 좋으므로, 흐르는 물에 어른벌레의 몸을 대고 못쓰는 칫솔로 쓸어 줍니다. 하지만 매트가 지저분하거나 축축하면 또 생기므로 늘 청결하게 해 주는 것이 무엇보다 중요해요. 진드기나 잡벌레가 생기지 않도록 하는 사육 용품들을 쓰면 더욱 좋아요.

왕사슴벌레 몸에 진드기가 생긴 모습

10. Q 어른벌레의 다리가 떨어지면 죽게 되나요?

A 사슴벌레와 장수풍뎅이는 싸우거나 나이가 들면 다리(특히 부절 부위)가 떨어지기도 합니다. 그러나 다리가 떨어져도 상처가 크지 않다면 생명에는 크게 지장이 없습니다. 다리 근육과 신경이 약해지지 않도록 놀이 나무를 많이 넣어 주는 것도 좋아요.

11. Q 번데기에서 우화해 어른벌레가 막 되었는데, 바로 꺼내도 되나요?

A 약 1~2주는 몸이 마르도록 놔 두어야 합니다. 몸을 말리는 기간이라 먹이를 먹지 않으니 염려하지 않아도 됩니다. 먹이를 먹기까지 장수풍뎅이는 2주, 사슴벌레는 약 한 달이 걸리고, 가을에 우화한 개체는 그대로 휴면을 해서 다음 해에 먹이를 먹기도 해요.

12. Q 어른벌레에게 먹이로 과일을 주어도 되나요?

A 물이 많은 과일인 수박이나 참외는 건강에 좋지 않으므로 과즙이 적당한 사과나 바나나를 추천합니다. 특히 바나나는 영양분이 많아서 암컷이 산란하는 데 도움이 되지요.

13. Q 어른벌레를 사육하는데 초파리가 너무 많아요. 어떻게 해야 하나요?

A 초파리는 사슴벌레나 장수풍뎅이의 먹이인 젤리와 과일의 달콤한 향에 모여듭니다. 따라서 다 먹었을 때에는 빨리 치워야 파리가 덜 생깁니다. 요즘은 초파리가 들어가지 못하도록 하는 시트나 제품들이 판매되고 있으니 사용하면 효과를 볼 수 있어요.

 ## 사육에 대하여

14. Q 매트와 산란나무에 생긴 곰팡이를 없애는 방법이 있나요?

A 사육 케이스 안이 습하면 곰팡이나 버섯이 때때로 자랍니다. 매트나 산란나무에 영양분이 있어서 균류가 들어오기 때문입니다. 사육할 때에는 크게 지장이 없지만, 보기 좋지 않아 걷어 내는 게 좋아요. 너무 습하고 더우면 매트가 열화하면서 노랗게 변하고 마르므로 이때에는 매트를 바꿔 줍니다.

15. Q 매트 안의 수분은 어떻게 관리해야 하나요?

A 매트 안의 수분은 사슴벌레와 장수풍뎅이를 키우는 데 가장 중요한 요소입니다. 매트에 수분이 적절치 않으면 산란을 받을 수 없

기 때문입니다. 손으로 쥐었을 때 뭉쳐지고 물이 안 흐를 정도로 수분을 유지해 줘야 해요. 일반 사육 케이스의 뚜껑에는 구멍이 나 있기 때문에 수분이 금방 말라 버리는데, 이럴 때 가장 좋은 방법은 뚜껑 사이에 보습 시트를 설치해서 증발을 막는 것입니다. 그래도 매트가 마르는 겨울철에는 분무기로 적당한 양의 수분을 뿌려 유지시켜 줍니다.

 **곤충 채집에 대하여**

16. Q 곤충을 채집하기 위해서는 어떤 물품이 필요하나요?

A 장수풍뎅이나 사슴벌레를 잡을 때 필요한 물품은 앞에 나와 있으므로 그 외의 일반적인 곤충들을 잡을 때 필요한 물품들에 대해서 알려 줄게요.

① **포충망**

나비처럼 활발하게 이동하거나 높은 곳에 있는 곤충을 채집할 때 꼭 준비해야 합니다. 천이 부드럽고 망의 지름이 큰 포충망이 좋고, 스위핑(쓸어잡기, sweeping) 채집을 하기 위해서는 망이 튼튼하고 대가 짧은 것이 좋아요.

② **독병**

곤충을 상하지 않게 바로 죽일 때 사용합니다. 코르크 뚜껑이 있는 유리병 밑에 솜을 눌러 넣고, 에틸아세테이트를 솜에 부어서 독병 안의 곤충을 냄새로 질식시킵니다(단, 화학 약품이므로 조심해서 사용해야 해요).

③ 삼각지와 삼각통

날개가 큰 곤충을 채집하는 데 사용합니다. 삼각지는 유산지(진한 황산 용액으로 처리한 종이)를 이용하며, 삼각형 모양으로 접어서 나비의 인편이 떨어지지 않게 도와줘요. 삼각통은 삼각지에 넣은 나비들이 손상되지 않게 보관해 줍니다.

④ 흡충관

작고 약한 곤충들을 손쉽게 채집하기 위해 만든 채집 도구예요. 공기의 흐름을 이용하여 순식간에 곤충을 빨아들입니다.

17. Q 곤충 채집 방법에는 어떤 것들이 있나요?

A 대표적으로 육안 채집 방법과 함정 채집 방법이 있습니다.

① 육안 채집 방법

포충망을 이용한 채집 가장 기초적인 채집 방법입니다. 풀에 앉아 있거나 날아가는 곤충을 잡을 때, 곤충이 풀숲이나 높이 있는 나뭇가지에 있을 때 무작위로 쓸어서 잡아요.

눈에 잘 보이지 않는 작은 곤충 채집 눈에 잘 보이지 않는 작은 곤충과 잎사귀 뒤에 숨어 있는 곤충을 채집하기 위해서는 털이용 막대기와 우산, 흰색 천을 이용합니다. 나뭇가지 밑에 우산이나 천을 대고 막대기로 가지를 털면 작은 곤충들이 아래로 떨어집니다.

② 함정 채집 방법

당밀을 이용한 채집 단것을 좋아하는 곤충들(사슴벌레, 장수풍뎅이, 꽃무지, 딱정벌레 등)을 잡을 때 주로 사용합니다. 딱정벌레를 채집하기 위해서는 포도주를 5분의 1 정도 채운 종이컵을 흙 속에 묻습니다. 그러면 야행성인 딱정벌레들이 밤에 포도주에 유인되어 컵 속에 빠지게 됩니다.

`썩은 고기를 이용한 채집` 딱정벌레목에 속하는 딱정벌레, 송장벌레, 반날개 등을 채집하는 데 사용합니다. 이번에는 컵 안에 썩은 고기를 넣고 땅에 묻습니다. 하루가 지나면 육식성 곤충들이 컵 속에 빠지는데, 고기의 부패 정도에 따라 채집되는 종이 다릅니다.

`등화 채집` 짧은 시간에 잘 보이지 않는 곤충을 손쉽게 채집할 수 있습니다. 딱정벌레뿐 아니라, 밝은 곳을 좋아하는 나방 등 많은 곤충이 등화에 모여들어서 여러 곤충을 채집할 수 있어요.

 ## 곤충 사진에 대하여

18. Q 곤충 사진을 찍을 때에는 어떤 물품이 필요하나요?

A 곤충 사진에 관심이 있고 보관하고 싶은 사람들은 준비물을 잘 챙겨서 찍고 싶은 곤충을 잘 찍어 보세요.

① 필수 준비물

`카메라` 접사 기능이 있는 디지털 카메라는 어떤 것이든 곤충을 촬영할 수 있습니다. 가까이 있는 물체를 잘 찍을 수 있는 접사 렌즈를 사용해 보세요.

`삼각대` 곤충은 크기가 작기 때문에 촬영하기가 까다롭습니다. 물론 빛이 좋을 때에는 손으로 들고도 사진을 잘 찍을 수 있지

왕사슴벌레 애벌레를 촬영하는 모습

만, 흔들리지 않고 심도가 깊은 사진을 찍으려면 삼각대가 필요해요. 삼각대가 무겁고 불편할 때에는 모노포드(외다리 삼각대)를 써도 됩니다.

② 기타 준비물

`메모리 카드` 사진을 많이 찍기 위해 용량이 넉넉한 것을 삽니다.

`반사판` 역광에서 촬영할 때 도움이 됩니다. 빛을 피사체에 반사시켜 셔터 스피드나 심도를 확보할 수 있고, 멋진 사진을 만들어 낼 수도 있어요.

`링 플래시` 내장 플래시만 이용해도 좋은 사진을 찍을 수 있지만, 아주 작은 1cm 이하의 곤충을 찍을 때 링 플래시를 쓴다면 곤충의 다리에 난 털까지도 찍을 수 있어요.

19. Q 곤충 사진을 찍는 노하우를 알려 주세요.

A 야외에서 촬영할 때와 실내에서 촬영할 때, 두 가지 방법을 알려 주겠습니다.

① 야외에서 곤충 촬영하기

곤충을 채집한다는 느낌으로 찍으면 좋은 사진을 얻을 수 있습니다. 또한 곤충의 생태와 행동반경을 알아 두면 도움이 많이 됩니다.

`날씨를 이용하자!` 곤충 사진을 찍을 때는 흐린 날이 좋아요. 구름에 가려 빛이 골고루 분산되어 차분한 느낌을 주기 때문입니다. 이런 날은 곤충의 움직임도 적어져서 촬영하기도 쉽습니다.

`움직이는 곤충을 이해하자!` 곤충은 비행 능력이 있으므로 조심스럽게 다가가야 하고, 심지어는 숨을 죽이고 땅바닥에 누워 천천히 기어서 접근하기도 합니다.

곤충이 쉬고 있는 때를 공략하자! 주행성 곤충은 해가 지면 아침이 되기 전까지 몸을 숨기고 쉽니다. 이때는 거의 움직이지 않으므로 사진 찍기에 가장 좋습니다. 오전 중 풀잎의 이슬이 마르기 전과 비가 온 다음 날에는 좀처럼 움직이지 않으므로 이때도 노려볼 만합니다.

야외에서 장수풍뎅이를 촬영하는 중

셔터 스피드를 확보하자! 빨리 움직이는 곤충을 찍기 위해서는 순간 포착을 해야 되고, 그러려면 빠른 셔터 스피드가 필수입니다. 셔터 스피드를 확보하기 위해서는 빛이 충분히 비춰야 하고, 반사판을 이용하여 빛을 피사체로 비추거나 빛이 적당하게 드는 곳에서 촬영할 곤충을 찾아야 합니다. 사진가들이 링 플래시를 사용하는 이유도 셔터 스피드와 심도를 확보하기 위해서입니다.

눈에 초점을 맞추자! 사람과 마찬가지로 곤충도 눈에 초점을 맞추어 심도를 확보한 뒤 사진을 찍어야 살아 있는 사진을 찍을 수 있어요.

무조건 많이 찍자! 디지털카메라는 필름을 교체하지 않아도 되므로 곤충처럼 어려운 사진을 찍을 때 매우 쓸모 있어요. 최대한 많이 촬영을 해서 가장 좋은 것을 고르면 되니까요. 한눈에 보기에 멋진 사진도 같은 곤충을 수십 컷 또는 수백 컷 찍은 것 중에서 건진 것입니다.

장비를 최대한 활용하자! 좋은 장비를 가지고 있으면 물론 좋지만, 익숙지 않은 무거운 장비들은 오히려 촬영을 방해할 수도 있습니다. 그러므로 자신의 카메라 기능을 익히고 그 카메라를 최대한 사용할 수 있도록 연습하는 게 중요해요.

② 실내에서 곤충 촬영하기

실내에서는 야외보다 어둡기 때문에 사진을 찍을 때 플래시를 터뜨려야 합니다. 내장 플래시를 쓰면 사진이 보기 좋게 나오지 않으므로 다른 방법을 알려 줄게요.

`빛이 잘 드는 곳에서 곤충을 촬영하자!` 빛이 부드럽게 많이 들어오는 거실이나 베란다에서 촬영하면 자연스럽게 좋은 사진을 얻을 수 있습니다. 너무 강한 빛은 좋지 않습니다.

`스탠드를 이용하자!` 스탠드를 대고 가깝게 비추면 야외에서 찍는 것과 같은 효과가 납니다. 스탠드를 양쪽에 하나씩 두고 비추면 더 좋아요.

 곤충 전문 박물관에 대하여

20. Q 우리나라에 있는 곤충 박물관을 알고 싶어요.

A 우리나라에는 지역별로 크고 작은 곤충 박물관이 다양하게 있고, 때때로 곤충 전시회도 열립니다. 특히 여름철에는 이벤트용 곤충 전시회도 많이 열리지요. 하지만 365일 전시하는 곤충 박물관이 있다면 언제든지 가서 공부할 수 있겠죠? 그럼, 특징 있고 대표적인 곤충 박물관 두 곳을 알려 줄 테니 참고하세요.

① 예천곤충생태관

경북 예천에 위치하고 있는 국내에서 가장 큰 곤충 테마파크입니다. 4년에 한 번씩 국내에서 가장 큰 곤충 관련 행사인 예천세계곤충엑스포도 열고 있어요. 예천군에서 운영하는 곤충 연구소와, 생태원으로 구성되어 있어서 볼거리가 가득합니다. 어린이날 등

특별한 행사가 열리니 홈페이지를 참고하세요.

전화 054-652-5876

홈페이지 https://www.ycg.kr/open.content/insect/

영업 시간 오전 9시~오후 6시 (하절기), 오전 9시~오후 5시 (동절기)

위치 경상북도 예천군 효자면 은풍로 1045

입장료 어른 5,000원 / 어린이, 청소년 4,000원

예천곤충생태관 내부

② 양평곤충박물관

곤충 표본 수집, 연구, 전시를 통해 대중에게 곤충 지식을 전달하는 교육 공간입니다. 곤충학 권위자인 고 신유항 교수가 기증한 1,500여 점의 곤충 표본을 바탕으로 2011년 11월 18일 개관하였으
양평곤충박물관 내부

며, 양평군의 지원을 받아 운영되고 있습니다. 곤충 전시실, 체험실, 기획 전시실, 영상 교육실 등의 시설을 갖추었습니다.

전화 031-775-8022

홈페이지 https://www.yp21.go.kr/museumhub

영업 시간 오전 9시 30분~오후 5시 30분 (하절기), 오전 9시 30분~오후 5시 (동절기)

위치 경기도 양평군 옥천면 경강로 1496

입장료 어른 3,000원 / 소아, 어린이, 청소년 2,000원

21. Q 일본과 대만에 있는 곤충 전문점을 알고 싶어요.

무시사 내부

A ① 무시사(むし社)

일본 아마추어 곤충계의 중심이 되는 곳입니다. 일반 곤충 전문 월간지 〈월간 무시〉와 사슴벌레 장수풍뎅이 전문 잡지인 〈Be Kuwa〉를 발행하는 곳으로 유명합니다. 최근에 곤충 전문 매장을 열어 외국 곤충을 판매하고, 질이 좋은 채집 및 표본 관련 용품과 곤충 관련 서적을 판매해요.

전화 03-5356-6416

홈페이지 http://mushi-sha.life.coocan.jp/

영업 시간 오전 11시~오후 7시

위치 일본 도쿄 JR 코엔지 역 도보 10분 거리

충림야수 매장 입구

② 충림야수(Insect Jungle)

대만에서 가장 큰 곤충 전문점이에요. 일본에서 보기 힘든 다양한 반려 곤충을 분양하고 있으며, 사육 기술도 뛰어나 다양한 곤충의 기네스 사이즈를 키워 내고 있는 곳이기도 해요. 타이베이 도심에 위치해서 방문하기도 쉬워요.

전화 +886 2 2763 6447

홈페이지 https://www.facebook.com/insectjungle/

영업 시간 평일 오후 6:00~오후 9:00, 토요일 오후 3:00~오후 9:00, 일요일 오후 3:00~오후 6:00

위치 대만 타이베이 신이구 중샤오둥로 5단 165항 3호 29호

③ 럼버잭(Lumberjack)

남미종처럼 흔히 보기 어려운 사슴벌레와 장수풍뎅이를 전문적으로 판매합니다. 곤충 애호가라면 꼭 한번 들러 봐야 할 곳이에요.

전화 042-335-5905

럼버잭 매장 입구

쇼핑몰 https://lumberjack.uplink-web004.com/

트위터 https://twitter.com/LUMBERJ49972666

영업 시간 오전 11시~오후 9시(매주 목요일 휴무)

위치 일본 도쿄 신주쿠 역에서 도보 15분 정도 거리

④ 파이네(Paine)

표본을 전문적으로 취급하는 곳입니다. 구하기 어려운 사슴벌레와 장수풍뎅이 표본, 나비 등 다른 곤충의 표본까지도 구할 수 있습니다. 물론 살아있는 장수풍뎅이나 사슴벌레도 판매해요.

파이네 내부

전화 03-3806-4441

홈페이지 http://www.pa-m.com/

영업 시간 오후 1시~오후 8시 (금, 토, 일요일만 영업)

위치 일본 도쿄 미노와 역 3번 출구에서 도보로 약 5분 거리

대륙별로 보기 1

아시아의 장수풍뎅이·사슴벌레

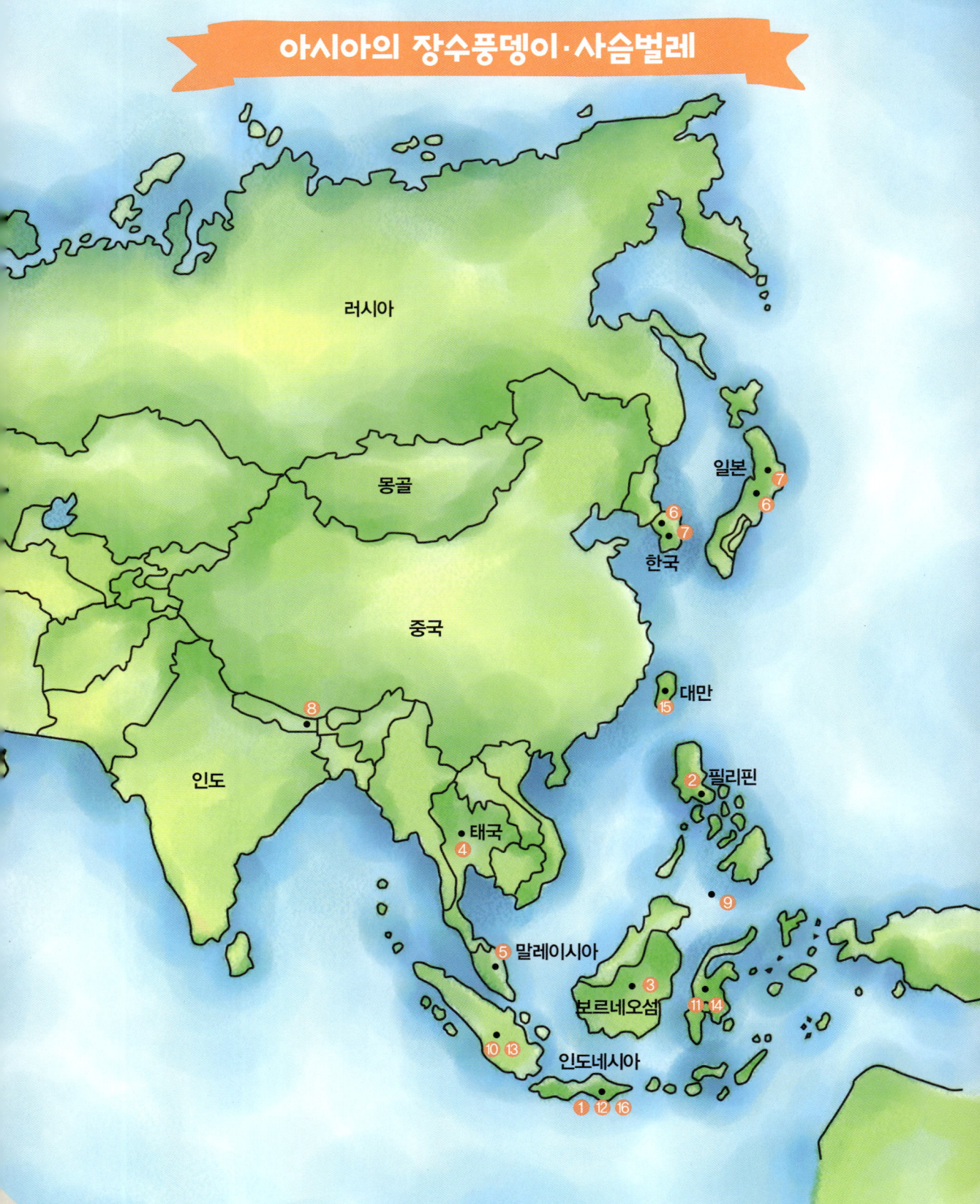

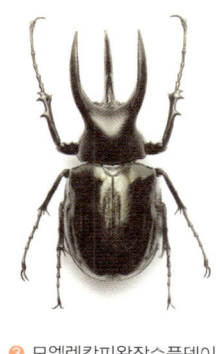

❶ 코카서스왕장수풍뎅이
(인도네시아 자바섬)

❷ 아틀라스왕장수풍뎅이
(필리핀 네그로스섬)

❸ 모엘렌캄피왕장수풍뎅이
(보르네오섬)

❹ 오각뿔장수풍뎅이
(태국)

❺ 기데온장수풍뎅이
(말레이시아)

❻ 장수풍뎅이
(한국, 일본)

❼ 왕사슴벌레
(한국, 일본)

❽ 안테우스왕사슴벌레
(인도 다르질링)

❾ 팔라완왕넓적사슴벌레
(필리핀 팔라완섬)

❿ 엘라프스가위사슴벌레
(인도네시아 수마트라섬)

⓫ 메탈리퍼가위사슴벌레
(인도네시아 펠렝섬)

⓬ 로젠버기사슴벌레
(인도네시아 자바섬)

⓭ 만디블라리스큰턱사슴벌레
(인도네시아 수마트라섬)

⓮ 기라파톱사슴벌레
(인도네시아 플로레스섬)

⓯ 두점박이톱사슴벌레
(대만)

⓰ 제브라톱사슴벌레
(인도네시아 자바섬)

❶ 켄타우르스장수풍뎅이
(아프리카 서부 적도)

❷ 헥소돈장수풍뎅이
(마다가스카르)

❸ 기가스남방장수풍뎅이
(마다가스카르)

❹ 타란두스광사슴벌레
(아프리카 중부~서부)

❺ 나탈톱사슴벌레
(탄자니아)

❻ 집게톱사슴벌레
(마다가스카르)

❼ 이자르디둥글사슴벌레
(남아프리카 공화국)

대륙별로 보기 3

남아메리카의 장수풍뎅이·사슴벌레

베네수엘라 ③

콜롬비아

에콰도르 ① ②

페루 ④ ⑤ ⑦

브라질

볼리비아

파라과이

아르헨티나

우루과이

칠레 ⑥

❶ 헤라클레스-에콰토리아누스 (에콰도르) ❷ 헤라클레스-리키 (에콰도르)

❸ 넵튠왕장수풍뎅이 (베네수엘라) ❹ 악테온코끼리왕장수풍뎅이 (페루) ❺ 마스코끼리왕장수풍뎅이 (페루)

❻ 다윈사슴벌레 (칠레) ❼ 네눈박이사슴벌레 (페루)

사슴벌레 · 장수풍뎅이 찾아보기

가위사슴벌레 192
그란디스왕사슴벌레 166, 167
그라실리코르니스왕사슴벌레 167
그란티흰장수풍뎅이 232, 252, 255~257
기데온장수풍뎅이 285, 288~289, 290
기라파톱사슴벌레 186, 188, 206
기아스코끼리왕장수풍뎅이 259
톱사슴벌레 186
꼬마넓적사슴벌레 124

나탈톱사슴벌레 187
넓적사슴벌레 106~109, 110~111,
168~169, 176~177
넵튠왕장수풍뎅이 231~232, 246, 250,
267, 290~291
노부유키제브라톱사슴벌레 187
니시야마이기라파톱사슴벌레 186
니시카와이기라파톱사슴벌레 186

다우리아사슴벌레 140, 142
다이수케이기라파톱사슴벌레 186
대만두점박이톱사슴벌레 187

두점박이사슴벌레 138~139
둥글장수풍뎅이 127, 162

라트레일람프리마사슴벌레 208
라티키나왕사슴벌레 167
람프리마사슴벌레 196, 208~213
레데제브라톱사슴벌레 187
로젠버기황금사슴벌레 209, 220~221
로치넵튠왕장수풍뎅이 231
루존제브라톱사슴벌레 187
리노케로스큰턱사슴벌레 203

마스코끼리왕장수풍뎅이 258~259
마야흰장수풍뎅이 232
마키타이기라파톱사슴벌레 186
만디블라리스큰턱사슴벌레 202~203, 206
말레이시아기데온장수풍뎅이 285
말레이시아코카서스왕장수풍뎅이 269
말레이시아패리큰턱사슴벌레 202
말레이시아황금사슴벌레 209
메탈리퍼가위사슴벌레 192~194, 196,
198~199
모론흰장수풍뎅이 232

모엘렌캄피왕장수풍뎅이 268~269, 280, 283
모엘렌캄피황금사슴벌레 209
무지몬왕사슴벌레 167
뮤엘러리사슴벌레 208, 214~219
미야시타흰장수풍뎅이 232
미카르디람프리마사슴벌레 208
미얀마오각뿔장수풍뎅이 284

ㅂ

바바이황금사슴벌레 209
바우메이스터리기데온장수풍뎅이 285
베트남기데온장수풍뎅이 285
베트남오각뿔장수풍뎅이 284
보로부드르기라파톱사슴벌레 186
보르네오패리큰턱사슴벌레 202
보르네오황금사슴벌레 209
부세팔루스왕넓적사슴벌레 180~183
부케티큰턱사슴벌레 203
북미왕사슴벌레 167
비르마니쿠스오각뿔장수풍뎅이 284~285

ㅅ

사탄왕장수풍뎅이 232, 250
산기르메탈리퍼가위사슴벌레 192

솔로몬가위사슴벌레 193
솔로몬기데온장수풍뎅이 285
수리남세뿔장수풍뎅이 259
수마트라만디블라리스큰턱사슴벌레 202
수마트라코카서스왕장수풍뎅이 269
수트랄리스왕사슴벌레 167
술라웨시왕넓적사슴벌레 169
쉔클링왕사슴벌레 167
시메우르아틀라스왕장수풍뎅이 268
시아멘시스오각뿔장수풍뎅이 284~285

ㅇ

아스타코이데스톱사슴벌레 187
아우라타람프리마사슴벌레 208
아틀라스왕장수풍뎅이 268~269, 273, 276, 281
악테온코끼리장수풍뎅이 258~259, 264, 266
안테우스왕사슴벌레 167, 172~174
알키데스왕넓적사슴벌레 184~185
애리조나코끼리왕장수풍뎅이 259
애사슴벌레 99, 102~105
야누스코끼리왕장수풍뎅이 259
엘라프스가위사슴벌레 193, 198, 200~201
오각뿔장수풍뎅이 284~286
오키피탈리스톱사슴벌레 187
오타니메탈리거가위사슴벌레 192

왕넓적사슴벌레 168~169, 176, 180, 226
왕사슴벌레 94~101, 108, 124, 170~174
외뿔장수풍뎅이 158, 160~161, 163
원표보라사슴벌레 144, 146
웨스터마니왕넓적사슴벌레 169
유럽왕사슴벌레 167
율리시스기데온장수풍뎅이 285
이그지미우스가위사슴벌레 193
이소가일메탈리퍼가위사슴벌레 192
이이지마이코끼리왕장수풍뎅이 259
이자르디둥글사슴벌레 127
인도기라파톱사슴벌레 186
인도네시아아틀라스왕장수풍뎅이 268
인수라리스람프리마사슴벌레 208
임페라토가위사슴벌레 193, 198

카스자비기데온장수풍뎅이 285
케이수케이기라파톱사슴벌레 186, 188
켄타우르스장수풍뎅이 290~291
코끼리왕장수풍뎅이 258~260, 264~265, 267~268
코카서스왕장수풍뎅이 268~270, 273~275, 277~279, 281, 282, 284, 286, 293
콘퓨키우스톱사슴벌레 188
쿠르비덴스왕사슴벌레 167
쿠프레오니텐스가위사슴벌레 193
크리니아스기데온장수풍뎅이 285

제브라톱사슴벌레 187, 190~191, 202
제주뿔꼬마사슴벌레 150~151
집게톱사슴벌레 187
중국왕사슴벌레 167, 170

타란두스광사슴벌레 209, 224
타이아틀라스왕장수풍뎅이 268
타이코카서스왕장수풍뎅이 269
타이타누스왕넓적사슴벌레 180
태국기데온장수풍뎅이 285
태국패리큰턱사슴벌레 202
톱사슴벌레 134, 136~138, 189
티모르기라파톱사슴벌레 186
티티우스흰장수풍뎅이 232, 256

참넓적사슴벌레 110~111

파브리스톱사슴벌레 187
파체코이코끼리왕장수풍뎅이 259
파푸아기데온장수풍뎅이 285
파푸아오각뿔장수풍뎅이 284
팔라완왕넓적사슴벌레 168~169, 176, 206
패리왕사슴벌레 167
패리큰턱사슴벌레 202~205
펠렝아틀라스왕장수풍뎅이 268
포스터리큰턱사슴벌레 203
피네메탈리퍼가위사슴벌레 192
피자로톱장수풍뎅이 259
필리핀아틀라스왕장수풍뎅이 268

헤라클레스-바우드리 231
헤라클레스-브레우제니 231
헤라클레스-셉텐트리오날리스 238~239
헤라클레스-에콰토리아누스 233, 238
헤라클레스-옥시덴탈리스 233, 239
헤라클레스-툭스라엔시스 231
헤라클레스-트리니 231
헤라클레스-파스코알리 231
헤라클레스-헤라클레스 230~231, 233~237
헥소돈장수풍뎅이 293
홍다리사슴벌리 112
흰줄헥소돈장수풍뎅이 293
힐루스흰장수풍뎅이 232

하드위케이오각뿔장수풍뎅이 284
하우토니둥글사슴벌레 127
할마헤라메탈리퍼가위사슴벌레 192
헤라클레스왕장수풍뎅이 230, 238, 240, 242~248, 252~253, 258, 262, 266, 268, 270, 278, 282, 287, 293
헤라클레스-레이디 231
헤라클레스-리키 230~231, 233, 235, 237~238
헤라클레스-모리시마이 231

참고 문헌

- **Cho, P.S. (1969)** Illustrated encyclopedia of fauna & flora of Korea, Vol. 10, Insecta (II), Samhwa Publ. Co. Ltd., Seoul, pp. 604-615. (In Korean).

- **Endrödi, S., (1985)** The Dynastinae of the World. Dr. W. Junk, Dordrecht, The Netherlands. 800 p.

- **Fujita, H. (2010)** The Lucanid Beetles of the World. Mushi-sha, Tokyo, 472 pp.

- **Huang, H. & Chen, C.-C. (2010, 2013, 2017)** Stag Beetles of China I-III. Formosa Ecological Company, Taipei.

- **Imura, Y. (2010)** The genus Platycerus of East Asia. Tokyo, Japan: Roppon-Ashi Entomological Books.

- **Jang, Y.-C. (2015)** Notes on the lucanid beetles (Coleoptera, Lucanidae) from Jeju Island. Insect Korea 1, 49-57.

- **Jang, Y.-C. & Kim, S.-K (2019)** Description of larva and pupa of Pentodonquadridens bidentulus (Fairmaire, 1887) (Coleoptera, Scarabaei-dae, Dynastinae) and notes on its biology. Korean J. Appl. Ento-mol. 58, 165-174.

- **Jang, Y.-C. & Kawai, S. (2008)** A new species of the Dorcus velutinus-group (Coleoptera, Lucanidae) from Korea. Kogane 9, 103-106.

- **Kim, S.I. &. Kim, J.I. (2010)** Review of family Lucanidae (Insecta: Coleoptera) in Korea with the description of one new species. Entomological Research, 40(1), 55-81.

- **Kim, S.I. & Kim, J.I. (2014)** Lucanidae and Passalidae. Insect Fauna of Korea. Vol. 12. No. 15.

- **Mizunuma, T. & Nagai, S. (1994)** The Lucanid beetles of the world. Mushi-sha Iconographic Series of Insects. Mushi-sha, Tokyo, 338 pp.

- **Mushi-sha (2001-2023)** Be-Kuwa No. 1-87.

- **Suzuki, T. (2005)** Foreign stag beetle breeding encyclopedia, Tokyo, Sekai Bunkasha. 356 pp.